みなさま
ごきげんよう
水晶玉子です
突然ですが
あなたの生まれ年の
干支《えと》は何ですか?
タツ年生まれ?
サル年生まれ?
みなさんご存知ですよね
では　あなたの
生まれた「日」の干支って
お分かりになりますか?
すぐに答えられる方は
少ないかと思います
実は「年」だけではなく
「月」にも「日」にも干支は
割り当てられているのです
例えば
この本の発売日
2021年　11月　5日は
丑の年
戌の月
巳の日
です
古来から東洋占術では
生まれた「年」
だけでなく
「月」や「日」の干支も
用いて その人の運勢を
鑑定してきました

なかでも
生まれ「日」の干支は
その人の
プライベートな部分の
運勢を表すとされ
生まれた年の干支
＝社会的な運勢を示す
生まれた月の干支
＝資質と身体的な運勢を示す
東洋の占術では
この生まれ「日」の干支が
とても重要なのです
でも　生まれ「年」の干支は
ともかくとして
生まれ「日」の干支って
みんな知らないですよね？
生年月日に割り当てられた
干支を中心に
運勢の鑑定を行う
この占いの方法は
「占いの帝王」と
呼ばれるほど
的中率の高い
鑑定方法なのですが…
みなさんに
馴染みが薄く
なによりも
運勢の鑑定方法が複雑で
専門的な知識がないと
読みとけないのが玉にキズ
納音
害
己酉
乙巳
天中殺
壬寅
自刑
支合
天戦地冲
帝旺
丁卯
冠帯
甲子
そ・こ・で！
この難解な占いを
可愛く！　分かりやすく！
お届けするため
60種類の干支アニマルに
なぞらえることで
誕生したのが
＝丁卯
＝己酉
この
「60アニマル占い」
なのです！

そう…言うなれば「60アニマル占い」は…
ずばり当てて進ぜよう…
可愛い仮面をかぶった占いの帝王なのです!!!!!!
ゴゴゴゴゴ
可愛い顔してズバリと当たる頼れる占い!
…すみません 取り乱しました
でも そのくらい すごいのよ この占い
さらに!
本書は「夢を叶える」がテーマ! 恋だけじゃなく 仕事や勉強も あなたの夢が叶いやすい年や そのためのアドバイスも満載!
少女まんが雑誌マーガレットとのコラボならでは! 巻末には 少女まんが家さんによる「あなたに起こるかもしれない キュン♡エピ」描きおろしまんがも!
妄想がはかどるわ~
さて あなたは 何のアニマル? 気になるあの人 さらに 推しのあの方の アニマルは!?
自分だけじゃなく いろんな人も 占ってみてください
気に入らない あの人も アニマルに なぞらえてみたら ちょっと愛せるかも!?
あの先輩 ハツカネズミ
ぷぷ… かわいい…
では 本編を どうぞ~

【生年月日表】

	1月	2月	3月	4月	5月	6月	7月	8月	9月	10月	11月	12月
1971	22	53	21	52	22	53	23	54	25	55	26	56
1972	27	58	27	58	28	59	29	0	31	1	32	2
1973	33	4	32	3	33	4	34	5	36	6	37	7
1974	38	9	37	8	38	9	39	10	41	11	42	12
1975	43	14	42	13	43	14	44	15	46	16	47	17
1976	48	19	48	19	49	20	50	21	52	22	53	23
1977	54	25	53	24	54	25	55	26	57	27	58	28
1978	59	30	58	29	59	30	0	31	2	32	3	33
1979	4	35	3	34	4	35	5	36	7	37	8	38
1980	9	40	9	40	10	41	11	42	13	43	14	44
1981	15	46	14	45	15	46	16	47	18	48	19	49
1982	20	51	19	50	20	51	21	52	23	53	24	54
1983	25	56	24	55	25	56	26	57	28	58	29	59
1984	30	1	30	1	31	2	32	3	34	4	35	5
1985	36	7	35	6	36	7	37	8	39	9	40	10
1986	41	12	40	11	41	12	42	13	44	14	45	15
1987	46	17	45	16	46	17	47	18	49	19	50	20
1988	51	22	51	22	52	23	53	24	55	25	56	26
1989	57	28	56	27	57	28	58	29	0	30	1	31
1990	2	33	1	32	2	33	3	34	5	35	6	36
1991	7	38	6	37	7	38	8	39	10	40	11	41
1992	12	43	12	43	13	44	14	45	16	46	17	47
1993	18	49	17	48	18	49	19	50	21	51	22	52
1994	23	54	22	53	23	54	24	55	26	56	27	57
1995	28	59	27	58	28	59	29	0	31	1	32	2
1996	33	4	33	4	34	5	35	6	37	7	38	8
1997	39	10	38	9	39	10	40	11	42	12	43	13
1998	44	15	43	14	44	15	45	16	47	17	48	18
1999	49	20	48	19	49	20	50	21	52	22	53	23
2000	54	25	54	25	55	26	56	27	58	28	59	29
2001	0	31	59	30	0	31	1	32	3	33	4	34
2002	5	36	4	35	5	36	6	37	8	38	9	39
2003	10	41	9	40	10	41	11	42	13	43	14	44
2004	15	46	15	46	16	47	17	48	19	49	20	50
2005	21	52	20	51	21	52	22	53	24	54	25	55
2006	26	57	25	56	26	57	27	58	29	59	30	0
2007	31	2	30	1	31	2	32	3	34	4	35	5
2008	36	7	36	7	37	8	38	9	40	10	41	11
2009	42	13	41	12	42	13	43	14	45	15	46	16
2010	47	18	46	17	47	18	48	19	50	20	51	21
2011	52	23	51	22	52	23	53	24	55	25	56	26
2012	57	28	57	28	58	29	59	30	1	31	2	32
2013	3	34	2	33	3	34	4	35	6	36	7	37
2014	8	39	7	38	8	39	9	40	11	41	12	42
2015	13	44	12	43	13	44	14	45	16	46	17	47
2016	18	49	18	49	19	50	20	51	22	52	23	53
2017	24	55	23	54	24	55	25	56	27	57	28	58
2018	29	0	28	59	29	0	30	1	32	2	33	3
2019	34	5	33	4	34	5	35	6	37	7	38	8
2020	39	10	39	10	40	11	41	12	43	13	44	14
2021	45	16	44	15	45	16	46	17	48	18	49	19

	1月	2月	3月	4月	5月	6月	7月	8月	9月	10月	11月	12月
1920	54	25	54	25	55	26	56	27	58	28	59	29
1921	0	31	59	30	0	31	1	32	3	33	4	34
1922	5	36	4	35	5	36	6	37	8	38	9	39
1923	10	41	9	40	10	41	11	42	13	43	14	44
1924	15	46	15	46	16	47	17	48	19	49	20	50
1925	21	52	20	51	21	52	22	53	24	54	25	55
1926	26	57	25	56	26	57	27	58	29	59	30	0
1927	31	2	30	1	31	2	32	3	34	4	35	5
1928	36	7	36	7	37	8	38	9	40	10	41	11
1929	42	13	41	12	42	13	43	14	45	15	46	16
1930	47	18	46	17	47	18	48	19	50	20	51	21
1931	52	23	51	22	52	23	53	24	55	25	56	26
1932	57	28	57	28	58	29	59	30	1	31	2	32
1933	3	34	2	33	3	34	4	35	6	36	7	37
1934	8	39	7	38	8	39	9	40	11	41	12	42
1935	13	44	12	43	13	44	14	45	16	46	17	47
1936	18	49	17	49	19	50	20	51	22	52	23	53
1937	24	55	23	54	24	55	25	56	27	57	28	58
1938	29	0	28	59	29	0	30	1	32	2	33	3
1939	34	5	33	4	34	5	35	6	37	7	38	8
1940	39	10	39	10	40	11	41	12	43	13	44	14
1941	45	16	44	15	45	16	46	17	48	18	49	19
1942	50	21	49	20	50	21	51	22	53	23	54	24
1943	55	26	54	25	55	26	56	27	58	28	59	29
1944	0	31	0	31	1	32	2	33	4	34	5	35
1945	6	37	5	36	6	37	7	38	9	39	10	40
1946	11	42	10	41	11	42	12	43	14	44	15	45
1947	16	47	15	46	16	47	17	48	19	49	20	50
1948	21	52	21	52	22	53	23	54	25	55	26	56
1949	27	58	26	57	27	58	28	59	30	0	31	1
1950	32	3	31	2	32	3	33	4	35	5	36	6
1951	37	8	36	7	37	8	38	9	40	10	41	11
1952	42	13	42	13	43	14	44	15	46	16	47	17
1953	48	19	47	18	48	19	49	20	51	21	52	22
1954	53	24	52	23	53	24	54	25	56	26	57	27
1955	58	29	57	28	58	29	59	30	1	31	2	32
1956	3	34	3	34	4	35	5	36	7	37	8	38
1957	9	40	8	39	9	40	10	41	12	42	13	43
1958	14	45	13	44	14	45	15	46	17	47	18	48
1959	19	50	18	49	19	50	20	51	22	52	23	53
1960	24	55	24	55	25	56	26	57	28	58	29	59
1961	30	1	29	0	30	1	31	2	33	3	34	4
1962	35	6	34	5	35	6	36	7	38	8	39	9
1963	40	11	39	10	40	11	41	12	43	13	44	14
1964	45	16	45	16	46	17	47	18	49	19	50	20
1965	51	22	50	21	51	22	52	23	54	24	55	25
1966	56	27	55	26	56	27	57	28	59	29	0	30
1967	1	32	0	31	1	32	2	33	4	34	5	35
1968	6	37	6	37	7	38	8	39	10	40	11	41
1969	12	43	11	42	12	43	13	44	15	45	16	46
1970	17	48	16	47	17	48	18	49	20	50	21	51

STEP 1

右ページにある「生年月日表」で、自分の「生まれた年」と「生まれた月」が交わる欄を見つけます。

STEP 2

STEP1で見つけた欄の数字に、自分の「生まれた日」の数字を足します。足した数が61以上になったら、60を引きます。出てきた数字があなたの「えと村住民ナンバー」です。

STEP 3

出てきた「えと村住民ナンバー」を、次のページの中から探します。そこに書かれているのがあなたのアニマルキャラクター。該当ページに行って、占い結果をご覧ください！

例

2000年 11月5日 生まれの場合

STEP1

「生年月日表」で「2000年」と「11月」が交わるところの数字は「59」。

STEP2

「59」に、生まれた日の数字「5」を足して、59+5=「64」。61以上になったので、60を引いて、64-60=「4」。

STEP3

次のページで、えと村住民ナンバー「4」を探すと「キュートなネザーランドドワーフ」。これが2000年11月5日生まれの方のアニマルキャラです。記載されているp32、p34などへ行って、くわしい占いを読んでくださいね！

OR

もしくは…

こちらのサイトでも!!

このサイトなら生年月日を入力するだけで
あなたのアニマルがわかりますよ！

アニマルがわかったら次のページでそのアニマルを探し、該当の占い結果ページへGO！

ここは占いに登場する
60種類のアニマル達が
平和に暮らす「えと村」。
色んな建物や施設がありますが…
さてあなたは
どこに住んでいる
何というアニマル!?
前のページで出した
「えと村住民ナンバー」で
あなたのアニマルキャラを
見つけてくださいね！

ETO VILLAGE MAP

この本の使い方

★60アニマル占いは、生まれた「日」の干支をもとにした占いです。なので登場するアニマルは、おなじみの子丑寅…の12のカテゴリーに大きく分かれています（つまり、「子」の日生まれの方は「ネズミ農園」の住民さん、「丑」の日生まれの方は「ウシ道場」の住民さん…となります）。まずはこの12に分かれた 基本的な占い結果 で、総合的な性格や相性などをご覧ください。

★また、その12のカテゴリーの中に、さらに各5種類ずつのアニマルがいることがこの占いの最大の特徴。もっと詳しい占い結果 では、この合計60種類いるアニマルそれぞれの性格や夢を叶える方法を掲載。より詳細な鑑定結果をお読みいただけます。 ★さらに 10年運勢グラフ では各アニマルの2032年までの運勢のバイオリズムを、キュン♥エピまんが では、あなたに起こるかもしれないドキドキシチュエーションの少女まんがをそれぞれ掲載。知りたい情報のページをどうぞご覧ください！

えと村MAP

頭は常に高速回転!? 冷静沈着なおちゃめファーマーズ

ネズミ農園の住民たち

ここは、こだわり強めな作物を育てることで有名な農場。

住民の皆さんは、クールな雰囲気だけどなぜか憎めない人気者ぞろい!?

25 気性の激しい ビーバー
<<< p.012

1 夢見る ハツカネズミ
<<< p.010

13 心配性な ハムスター
<<< p.011

49 職人気質な カピバラ
<<< p.014

37 実は個性的な ハリネズミ
<<< p.013

どけどけ〜!!
ただ今妄想中…
雨、降るかもよ?
今年のデキも完璧。
つまらないものですが…

NEZUMI FARM

ネズミ農園のスローガン

注意一秒、怪我一生。

子

基本的な生態

慎重派なくせに実はとても大胆！一番大切なのは入念な事前準備！

「今年は暖けぇから収穫は早めだな」。農家にとって何よりも大事なのは観察です。巣穴から鼻だけ出してくんくん。周りの状況をじっくり探ってから動き出すのがネズミ農園の住民の基本スタイルです。物事の冷静な把握が得意で、計算なしの冒険は滅多にしません。ただし、一度行動を開始すると動きはとっても俊敏。慎重派なのに機動力抜群なハイブリッドな性格です。

ただ、意外に（…てか周りにはバレていますが）超おっちょこちょいなので、事前準備が万全じゃないと必ずといっていいほど失敗します。また、動き始めてからの方向転換がものすごく苦手なので、一旦コケると立ち直るのに時間がかかります。そう、動き出す前の「くんくんタイム」が命なのです。

恋愛の習性

優しい仮面の奥に超シビアな素顔!? 一人時間をとってリフレッシュが吉

慎重で冷静。生態だけ見るとクールな印象ですが、気難しいというわけでは決してなく、表面的にはとても穏和です。一度親しくなると無条件にその人を信じてしまうお人好しキャラ。交友関係も広く、恋人ができると長いお付き合いをすることが多いはず。ただ、ストレスが蓄積したり、相手への我慢が限界に達したりすると、急に「優しい仮面」をかぶるのをやめることがあります。

それまでが嘘だったかのように、自己チューで冷淡な行動を突然取りはじめ、相手にとっては訳もわからぬまま、急に関係を終わらせてしまうことも。爆発する前に、なるべく一人の時間をとりましょう。そうすれば、外に対しての「顔」を作り直すことができるので大きなトラブルを避けられます。

相性の生態系

NEZUMI FARM

2022年からの運勢

2022年はあまり派手に動かない方がいいかも。受け身な感じで流された方が面白いものにたどり着く可能性大。2024年に運気が盛り上がるので、そこに備えて準備をしましょう。

さらに詳しくはこちら!!
10年運勢グラフ <<<p.015
あなたに起こる!? キュン♥エピソードまんが <<<p.107

えと村住民ナンバー

1 夢見る ハツカネズミ

ドームでのコンサート衣装はどんなのにしようかな～
※アイドルになる妄想中

特筆すべき生態

夢を追いかけることが生きる原動力

動きはありえないほど機敏

実はとってもおっちょこちょい

【ハツカネズミ】小型のネズミ。ペットや研究用として人気。

このアニマルの生態

巣穴の中で未来をあれこれ妄想するハツカネズミの少女。天性のロマンチストで、いくつになっても夢を追い求めるような生き方をします。一見、ぼんやりとした夢想家のようにみえますが、いざ自分がやるべき目標を見つけたときの行動は、驚くほど俊敏。しかも、目的を達成するためなら、多少の犠牲をいとわない大胆さがあります。また、強烈な寂しがり屋なのに、あまり人を頼ろうとしない頑固者です。面倒くさい性格ですが、いつも前向きで根っからのお人好しなので、人に好かれます。

今日は空を飛ぶには最適な日ね

ハツカネズミさんと仲良くなれるセリフ

「あとはやっとくから好きにやりなよ」

才能を信じて後押ししてくれる言葉にとっても弱いです。

夢を叶える方法

「夢を叶えた後のお世話になった人へのフォローをお忘れなく！」

「夢を見ること＝人生」であるハツカネズミさんに夢の叶え方を述べるのは釈迦に説法。言われるまでもなく夢を叶える実行力は備わっています。ただ一つ難点があるとすれば、夢へ走り続けている間、周りが見えなくなってしまうこと。目的のためなら犠牲は仕方ないと思うタイプなので、それまでの人間関係をないがしろにしがち。本人は気にしていなくても、後から意外に大きなトラブルになったりします。それどころか、肝心の夢への障害になってしまうことも。いらぬいざこざを避けるためにも夢を追っている最中は周りに、

夢を叶える決めゼリフ

後から話します！信じて少し待っててください！

と断っておくことが大切。もちろん、実際に後からのフォローもお忘れなく！

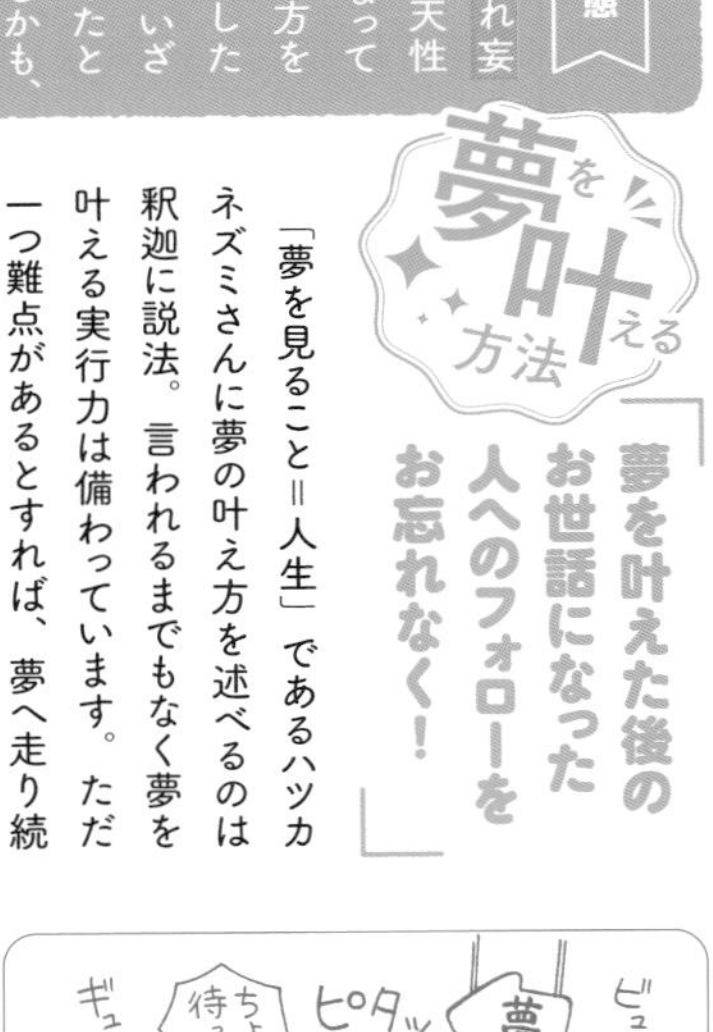
ギュンッ
ちょっと待っててね!!
ピタッ
夢
ビューン

夢を追う最中は高速移動なハツカネズミさん。でも、時には立ち止まって周りへのフォローを！

2022年の運勢

絶好調だった2021年の運気の流れが少し緩やかになります。2022年は、それまでがむしゃらに進めてきたことの見直しをはかるとき。立ち止まって考えたり、違うことを始めたりして、別角度からこれまでを振り返れば、よりよい答えが出てくるはず。

2022年の運命の日

1月15日

最強運日。
叶えたいことはこの日までに実行を！

【ハツカネズミの有名人】
ディーン・フジオカ、賀来賢人、Cocomi

えと村住民ナンバー

13 心配性なハムスター

あれもそれも持って
これもいるかも!!

特筆すべき生態

先回りして考えすぎてアワアワしちゃう

用意周到だけどそれでも不安

一歩踏み出すのに時間かかりすぎ

【ハムスター】ペットとして人気の齧歯目。大きな頬袋が特徴。

このアニマルの生態

「先にアレやんなきゃ、コレも済ませないと！」と忙しく働くハムスターの世話焼きオカン。頭の回転がとても速く、先々まで見通す力があります。でも、考えれば考えるほど不安だけが先に立ってしまうタイプなので、いつも心は不安定。用意周到にあれこれ動き回るのだけど、結局カラカラ輪の中を走っているだけで、前に進めてないじゃん！…なんてことも。他人には優しいけれど、自分に対しては厳しくはっきりした性分。その真面目さが、心配性に拍車をかけているのかもしれません。

空回り
カラ カラ カラ
ああ心配っ
不安だわ〜〜
カラ カラ カラ カラ カラ

ハムスターさんと仲良くなれるセリフ

「助かった！ ありがとう」

人の役に立てたことが一番のご褒美。

感謝の言葉から仲良く。

夢を叶える方法

「心配しすぎてチャンスを逃さないように！気楽な心が吉！」

本当は、やってみたいことが色々あるタイプ。でも、「失敗したらどうしよう」とか「やるにしたってもっといいタイミングがあるんじゃないか」とか…踏み出す前にあれこれ考えてしまって、せっかくのチャンスを見送りがち。それで、時間がたってから盛大に後悔することが多いかもしれません。そう、

夢を叶える決めゼリフ

チャンスは次いつ来るかわからない！

のです。人生は有限、そこに訪れる機会も無数にあるわけじゃありません。大事な選択をしなければならない時ほど「なんとかなるさ」と気楽に構えて一歩踏み出してみましょう。もしも、問題が起こったとしても、ハムスターさんの先を見通す力をもってすれば、実際になんとかなるはずです。

なんとかなるっ!!
ポイッ
不安
タイミング
失敗するかも

ここぞ！という時ほど、自分の中の楽観的な部分をフルに生かしましょう！

2022年の運勢

2022-2023年が、ハムスターさんにとってのチャンス期です。恋もそれ以外も勇気を持って踏み出すことができれば、たいていのことが上手くいくはずです。特に、2年間とも、年が明けてすぐの1月から2月上旬に能動的に動いておくと、その後の運気が高まります。

2022年の運命の日

1月27日

人やモノとの運命的な出会いがある日！

【ハムスターの有名人】
二宮和也、渡辺謙、風間俊介

えと村住民ナンバー

25 ビーバー

気性の激しい

特筆すべき生態

意見は絶対に曲げない超頑固者

地道に何かをつくるのが大の得意

時々怒り爆発! 周りびっくり!!

【ビーバー】大型の齧歯目。巣のためにダムを造ることで有名。

このアニマルの生態

一度決めたら絶対に信念を曲げようとしない頑固一徹なビーバーのオヤジ。川をせき止めてダムを造るがごとく、一人でコツコツと何かをつくり上げることが得意です。一見、穏やかな見た目をしているのだけれど、一度決めたことはどんな困難があっても曲げない筋金入りの頑固。辛抱強い性格なので普段は感情的になりません。しかし、内面には熱い情熱を秘めていて、理不尽なことや筋が通らないことを強いられるとそれが爆発! ダムを決壊させて、広範囲に甚大な被害をもたらすことも。

夢を叶える方法

「自分で抱え込んでしまうと爆発!? 時には周りに甘える勇気を!」

努力を惜しまずコツコツと実績を積み上げていく地道さがあるので、時間はかかったとしても夢を必ず実現させるタイプです。ただ、ストイックに自分を追い込みすぎるので、ストレスをため込みやすい傾向が。鬱憤が限界に達すると急に自暴自棄になり、今までの積み重ねをガシャーンと自分自身で壊してしまうことも。なんでも全て自分だけで抱え込んでしまうので、(苦手なことだとは思いますが) 時には人に甘えることも絶対に必要です。

ビーバーさんと仲良くなれるセリフ

「これ全部一人でやったの? すごすぎる!」

単独プレーで作り上げたものをほめられるととても弱いです。

夢を叶える決めゼリフ

ちょっと愚痴聞いてくんねぇか…

と、たまには身近な人に内面を吐き出しましょう。本人的には不本意でしょうが、弱さを見せることによって、逆に愛され度は上昇。援助が得やすくなります。

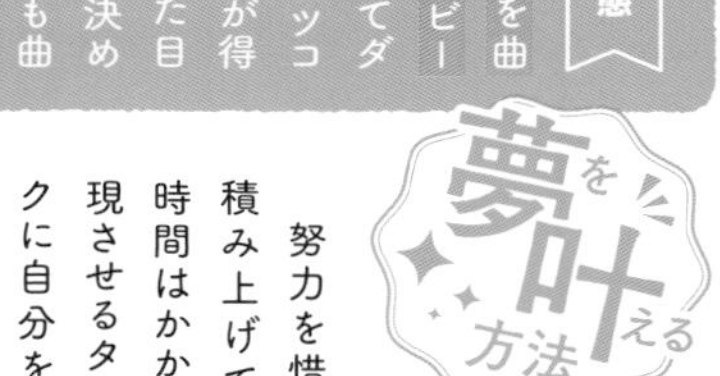

ストレスがのしかかったら、一人で抱えずに、爆発する前に人に愚痴って「ガス抜き」を!

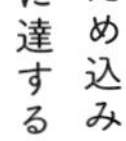

2022年の運勢

4年間続く幸運期の最初の年。特に2024年の運勢は無敵に近いので、そこに向けてやりたいこと、やるべきことを今のうちから積み上げておきましょう。2022年は、もしかするとお金をたくさん使うかもしれませんが、それも先行投資です。ケチると運が逃げます。

2022年の運命の日

8月7日

スムーズに事が運ぶ日。困難なことに挑戦を。

【ビーバーの有名人】
香取慎吾、藤井聡太、杏、小芝風花

えと村住民ナンバー

37 実は個性的なハリネズミ

ボクって無個性…

特筆すべき生態

「反省している」状態がデフォルト

でも実は特別過ぎる感覚の持ち主

…てかそれ自分も気づいてますよね？

【ハリネズミ】背中に無数の針を持つ。実はモグラの仲間。

このアニマルの生態

丸まって自分を反省しがちなハリネズミの園芸家。考えすぎて心が不安定になりがちで、自分が言ってしまったことや、自分の失敗を内にこもって反省してしまうようなところがあります。自分なんかものすごく平凡で、何の取り柄も個性もない…と本人は思っているように見えますが、とんでもない。一歩引いてしまう性格なので埋もれがちですが、実は鋭い審美眼と独特の感性を持った超個性的な人。だって全身が針におおわれてるネズミなんて激レアだものね（本当はモグラの仲間だし！）。

ハリネズミって
モグラの仲間だよ？
無個性
!?

ハリネズミさんと仲良くなれるセリフ

「それ、わたしも好き」

センスの部分で選んだコトやモノに共感されるのが大好き。

夢を叶える方法

「自信ないように見えて実は…!? ちょっとした大胆さが大事！」

ハリネズミさん本人に言うと、「そんな滅相もない！」ときっと否定すると思うのですが、実は、自分のこと特別だと思ってますよね？　自分はセンスの塊だって思ってますよね？　慎重派すぎて常に一歩引いた位置にいますが、実は、大きな夢を抱えた野心家なはずなのです。ただ、用心深すぎて自分を表に出すタイミングをずっとはかりかねている状態。でもね、実はあなたの本当は自信家で超個性的なところ、周りにバレてると思います。

それどころか、と、その個性をいつ発揮してくれるんだろうと心待ちにしてくれてるはずなのです。自分のセンスに自信をもって前へ進めば、夢はぐんと近くなります。

夢を叶える決めゼリフ

実は…こんなことがやってみたいんです。

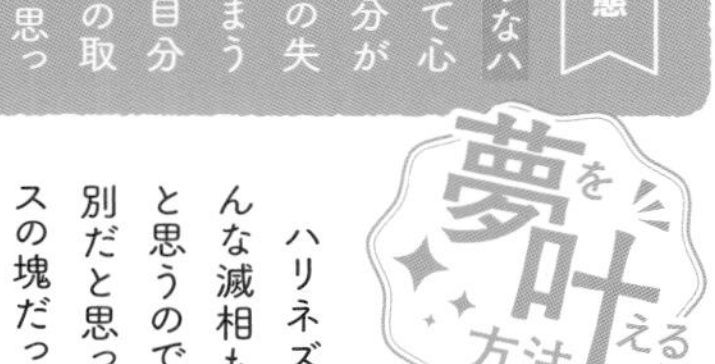

実は
これがボクの夢なんです
夢
ドーン
いいじゃん!!
おおっ

思い切って自分のセンスを表に出せば、きっと周りも後押ししてくれるはずです。

2022年の運勢

ここ数年、激動だった反動で、2022年はちょっと気が抜けた感じかも。でも、その「隙」が強烈なモテを生みそう。恋をするにはとても良い年です。ただ、一生モノの恋に育つのは、もう少し先かもしれません。2024年に入ってからの方が「本命」に出会う確率大。

2022年の運命の日

8月19日

強力なモテ日。
運命の出会いに期待しましょう。

【ハリネズミの有名人】
佐藤勝利、神木隆之介、内田理央

えと村住民ナンバー49

職人気質なカピバラ

ついに完成したぞ
こだわりのメロン…！

特筆すべき生態

こだわり強めな頑固職人

目立たないけど意外に策士

気づかぬうちに人を抜き去るタイプ

【カピバラ】ネズミの仲間の中で最大の種類。水辺に生息する。

このアニマルの生態

誰にも邪魔されることなく、我が道を悠然と歩む職人肌のカピバラ。世界最大のネズミだけあって、ぬぼっとしたのんびり屋に見えますが、実は意外としたたか。強運で、しかも人が見ていない水面下で努力をするので、いつの間にか王様的な地位にのし上がっていたりするタイプです。何事にもこだわりが強く、一切妥協しないストイックな性格をしているので、何かを作る職人に向いています。放浪癖あり。疲れたり、行き詰まったりしたら、気ままな旅に出るとリフレッシュできます。

メロン作り職人
完成。
NO.1 メロン
いつの間に!!

夢を叶える方法

「オシャレさより大衆ウケを！恋は和める関係がベストです！」

カピバラさんが夢を叶えるポイントは、ずばり、

夢を叶える決めゼリフ

庶民感覚！

にあります。職人向きな資質を持っていますが、例えば陶芸職人だったとすれば、観賞用の豪華な皿を作るよりも、使い勝手を追求した普段使いできる茶碗を作る。例えば料理人だったら、記念日におしゃれして行くような高級レストランではなく、毎日気軽に寄れるような大衆食堂を開く方が成功を手にしやすいでしょう。恋も、同じです。誰もが憧れるような「高嶺の花」との恋よりは、一緒にいて和めるような恋愛の方が性に合っているはず。才能をより庶民的な方向に伸ばす方が、生き生きした人生を送れるでしょう。

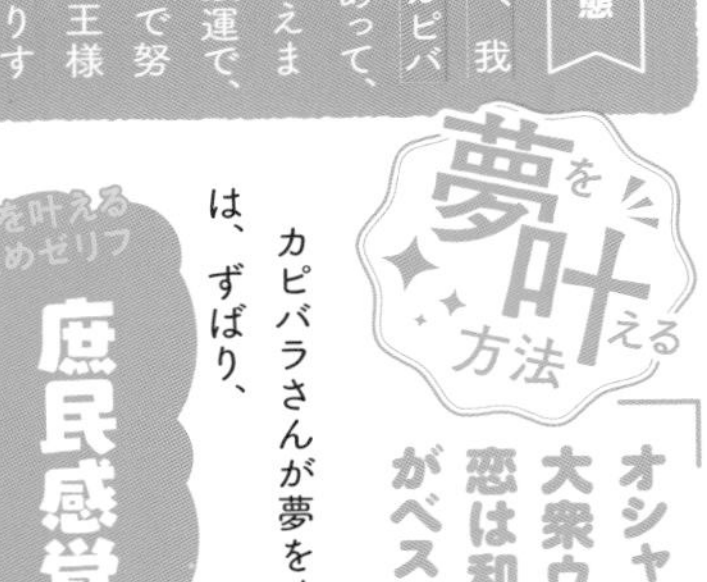

家族で楽しめる味…
いびつでも甘く…
手を出しやすいお値段…

「見た目がいい」とか、「高級」とかそういうのじゃなくて、大衆向けの発想で成功しそう。

カピバラさんと仲良くなれるセリフ

「……(無言でカピバラさんが作ったメロンをおいしそうに食べる)」

言葉じゃなく行動で好意を示した方がグッと来てくれます。

2022年の運勢

予想外の事が起きやすいと言われる天中殺に入ります。しかも、自分のことで手一杯になりがちなので、離別が起きやすく、違う環境での生活が始まることになるかも。ただ、2022年の判断がこれから10年の運気を決めます。決断は慎重に行いましょう。

2022年の運命の日

8月31日

自分の全く違う可能性を見つけられそうな日。

【カピバラの有名人】
福山雅治、飯豊まりえ、伊藤美誠

夢が叶うのはいつ!?

ネズミ農園の住民の

10年運勢グラフ

2032年までの各アニマルの運気グラフです。
夢に向かって動き出すタイミングは、いつ!?

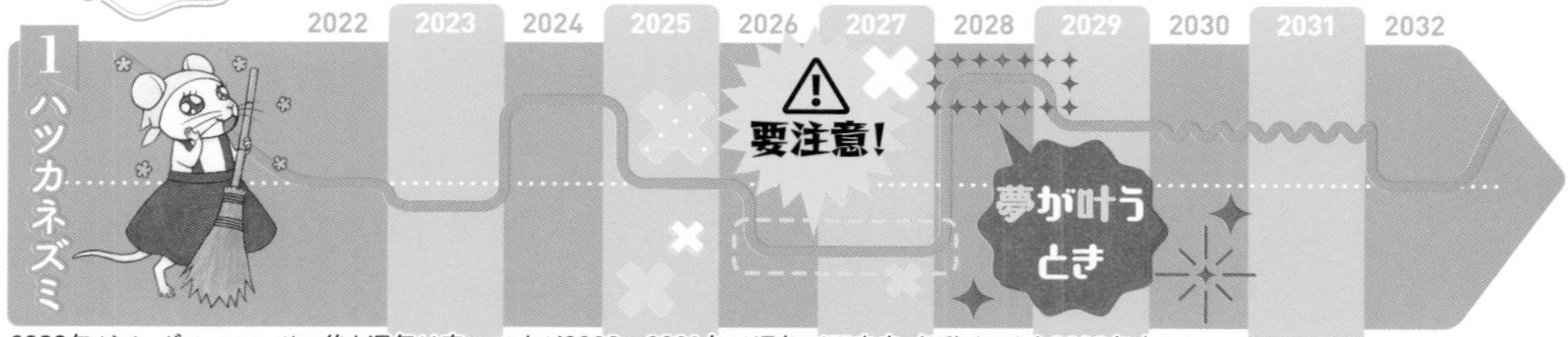

2028年がビッグチャンス。その後も運気は高いですが2030～2031年は運気が不安定。行動するなら2028年中に！

2026年以降、運気は乱高下します。やりたいことはぜひ、2022年、2024年に始めた方がいいでしょう。

2024年の最高運気から、2026～2027年の波乱運への落差がすごい。なんとしてでも、2024年に行動を！

激動の10年です。2026年は何かが終わりを迎える「大リセット運」。その前の2024～25年は運気不安定でも動くべき。

運勢が乱高下する10年です。2026年に何かが終わりますが、2028年の大幸運年で別の何かを得ます。2032年は大きな決断をしそう。

超ド級の頑固者!? マイペースすぎる努力家道場生たち!

ウシ道場の住民たち

ここは、ストイックすぎる武道家たちが通う名門道場。道場生は一見温厚なのだけど、納得できないとテコでも動かないクセものぞろい!?

26 修行に励む カモシカ
<<< p.020
心を無に…
14 没頭する トナカイ
<<< p.019
極!
2 努力家な 水牛
<<< p.018
1501…
1502…
38 マイペースな ホルスタイン
<<< p.021
あっちょうちょ!
50 反撃に出ると怖い バッファロー
<<< p.022
今日も平和平和!

ウシ道場のスローガン

我が道しか進まない。

丑

USHI DOJO

基本的な生態

マイペースの鬼!? なにがなんでも前に進む力はアニマル界No.1

一見大人しく見えますが、決して控え目なわけではありません。自分なりに納得しないと絶対に動き出さない習性なのです。要するに、とっても頑固。そのため容易に動き出せず、タイミングを逃したり、時間を無駄にしたりすることも多いですが…本人は、あまり気にしていません。成果を早く出したいと焦ることもないので、時に周りをとってもイライラさせますが…それでもマイペースを崩しません。ウシ道場の住民は自分に正直な人。人に動かされて得る成功よりは、納得のいく失敗を選ぶのです。ただ、納得して動き出したときの前進力は、凄まじいものがあります。ねばり強く、努力をどんどん重ねていく力強さは、他のアニマルには、決してまねできません。

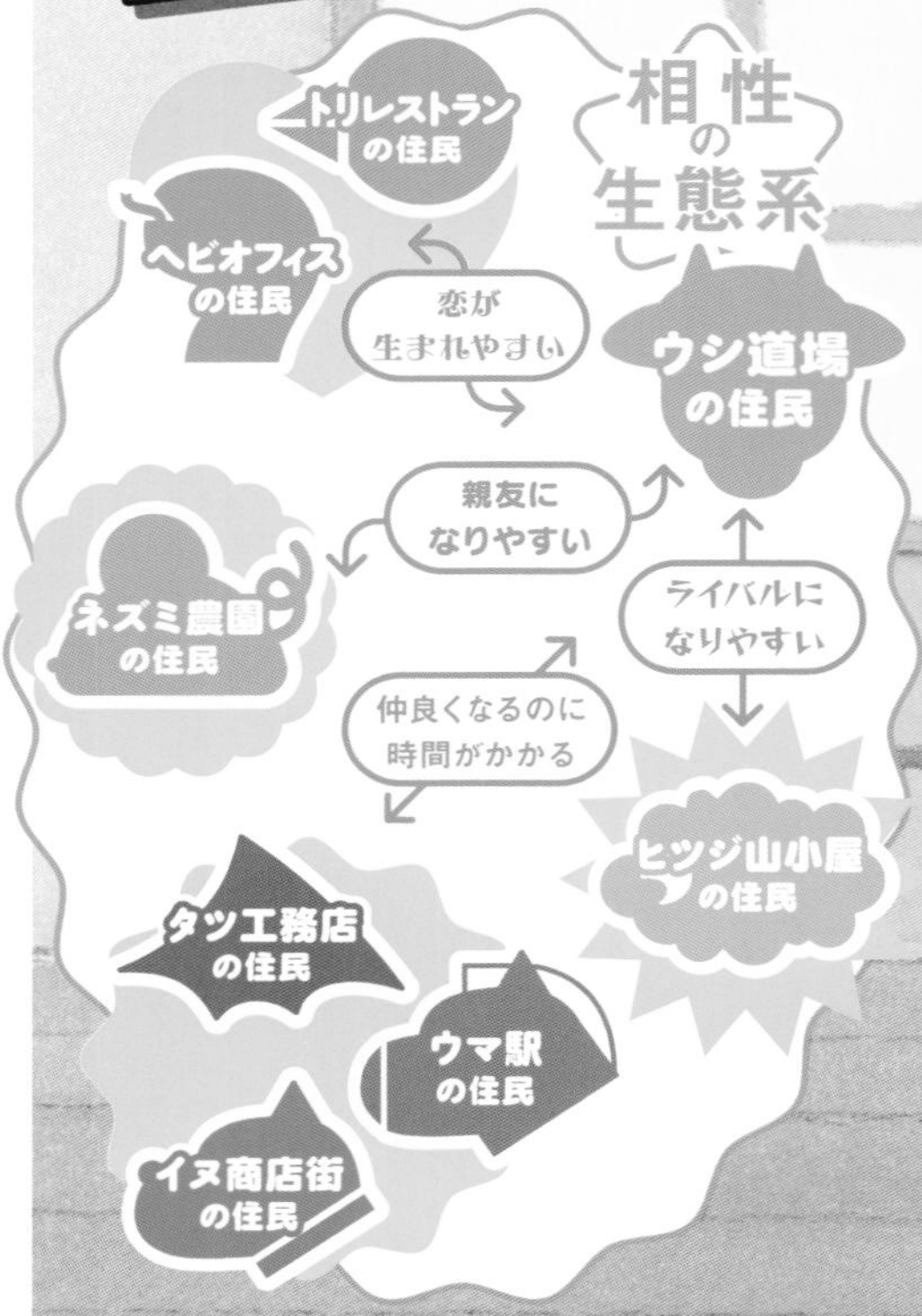

恋愛の習性

途中の方向転換がとっても苦手!? 恋は始める前によく考えて!

恋も、自分のペースでじっくりと育てないと上手くいかないことが多いでしょう。相手のペースに乗せられたりして、早急な結論を出してしまうこともありますが、必ずといっていいほど後悔します。また、一度決めたら、自分の気持ちを変えるのに、長い時間と莫大な気力が必要になってくるので、恋を始める前にじっくりと考えて、間違いのない選択を。いざつきあい始めると、長い恋愛をします。実は好き嫌いがかなり激しく、人の話は聞いているようで聞いていないのですが、感情的になることがあまりないので、いざこざは滅多に起きません。何があっても、のらりくらりとかわして、結局は自分のやりたいようにしてしまうのが、恋愛でも必勝パターンです。

2022年からの運勢

2022～2024年は、能動的に動くのではなく、「力をためる」イメージで過ごすといいでしょう。2025年に幸運期が来ますので、それまでの積み重ねをそこで開花させましょう。

さらに詳しくはこちら!!
10年運勢グラフ <<<p.023
あなたに起こる!? キュン♥エピソードまんが <<<p.113

えと村住民ナンバー 2

努力家な 水牛

特筆すべき生態

自分の努力しか信じない!

自分で決めたことは絶対に変えない!

年をとってから才能が開く

努力
鍛練
一途

【水牛】大きな角が特徴。沖縄で観光用水牛車を引く姿が有名。

このアニマルの生態

牛車ならぬ重いコンダラーを引いて、黙々と鍛錬に励む水牛の道場生。平凡で地味だけれど、たいへんな努力家。浮ついた理想だけを語ることは絶対にしない、地に足をつけて生きるリアリストです。一見、穏やかな雰囲気をしているのだけれど、実はとても強情で、驚くほどの頑固者。自分がこうと決めたことは、何があっても絶対に変えません。一途だけれど、とんでもなく不器用なので、経験不足なうちはとても苦労します。でも、その苦労を一つ一つ乗り越えていけば、晩年に大成します。

一歩一歩
着実に!!
よいせっ
こらせっ

水牛さんと
仲良くなれるセリフ

「………」

言葉なんていらないのです。
見守ってもらうのが嬉しいタイプ。

夢を叶える方法

「周りの意見に左右されるのはNG 自分のやり方を貫くのが近道!」

人からのアドバイスは、夢に向かって走るための栄養ドリンクになる一方で、毒になることだってありえます。特に頑固者を絵に描いたような水牛さんにとって、周りの意見を聞きすぎることは、とても危険。中途半端に他人のやり方を取り入れると、必ずといっていいほど失敗します。また、周りに急かされて早々に結論を出すと絶対に後悔します。できるだけ他人の声に左右されずに、自分流のやり方、自分のタイミングを守ることが水牛さんの夢を叶えるポイント。だいいち、人のおかげで成功したとしても、たぶん水牛さんはあまり嬉しいと思わないかも。

マイペースで!
早く早く!
今だ!
それじゃダメ!
こっちの方がいいよ!!

大事なときほど、人の意見に左右されないように、自分を強く持ちましょう。

夢を叶える決めゼリフ

マイペースの鬼!

をどんなときも貫きましょう。

2022年の運勢

能動的に動けない年かも。これから向かう未来よりは、なぜかこれまで歩んできた過去に意識が向かいがち。今までの自分をじっくり振り返って問題点を洗い出しておくとこれからにつながります。また、勉強運が好調なので、資格試験や受験などには向いている年でしょう。

2022年の運命の日

9月13日

長くつき合えるような人やモノと出会える日。

【水牛の有名人】
岩田剛典、土屋太鳳、有村架純

えと村住民ナンバー

14 没頭するトナカイ

集中！

特筆すべき生態

好きなことしかできない一点集中型

でも好きなことに対する探究心は絶大

自分にとーっても厳しい!!

【トナカイ】鯨偶蹄目という牛の親戚。サンタのソリを引く。

このアニマルの生態

興味あることや、自分の得意なことをとことん極めるトナカイ。

いつも泣いてたのに、サンタのおじさんに認められた途端、急にプレゼント配りに夢中になっちゃうような単純明快な性格をしています。人に優しく、自分に厳しいので主将的な立場を任されがちです。何かにのめり込んだときの集中力は凄まじいのだけれど、興味のないことには全く頑張れないのが玉にキズ。一つのことを追求する才能があるので、芸能の世界で活躍する人も。ただ、のんびりしているので花咲くのは遅め。

そろそろ休憩したらどうだい？
いいえまだまだ！
配り先リスト
夢中っ

トナカイさんと仲良くなれるセリフ

「さすがだよね！」

おだてられるのに弱いです。

得意分野を優しくほめてあげましょう。

夢を叶える方法

「夢へ没頭するために自分が出来ないことができる「正反対」の人を探せ！」

あることは人並外れて出来るのに、その他のことが0点…。この極端なアンバランスさがトナカイさんの特徴です。その自分の得意分野を極めることが夢への近道なのは疑いようがないわけで、要はそれに没頭できる環境を整えることが人生最大の課題になってきます。だから、自分が出来ないことを補ってくれるパートナーを見つけられるかどうかで人生が大きく左右されます。そもそも、自分と全く違う考え方や能力を持った人にひかれやすいので、恋人でも友人でも、

夢を叶える決めゼリフ

俺の背中はお前にあずける

と思えるような相棒を見つけられれば、夢は自然と近づくはずです。自分の直感を信じて、交友関係は必要以上に狭めないように。

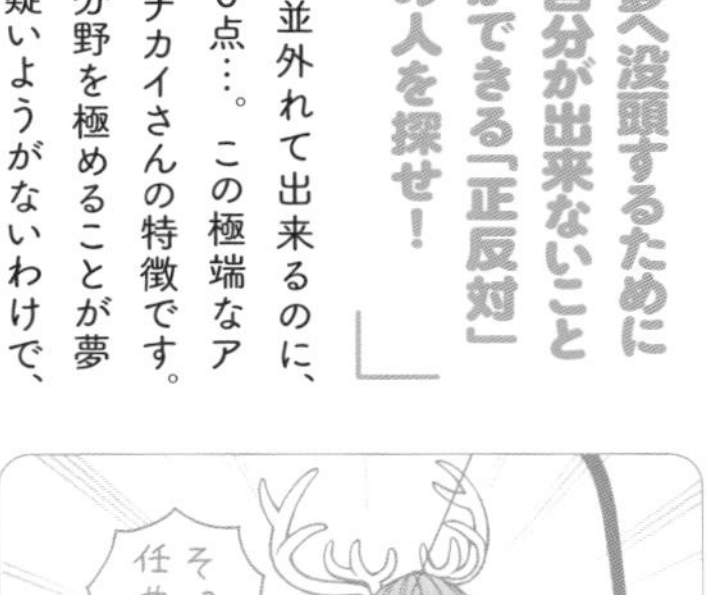

そっちは任せた!!

相棒は、自分とはまるで違う武器…つまり違う得意分野を持った人を選びましょう！

2022年の運勢

何らかの成功を手に入れる年になります。ただ、慎重すぎるくらい慎重になる年でもあるので、なかなか動き出せず、タイミングを逃してしまう可能性大。ここぞというときは、後先考えず思い切って飛び込む行動をとると、結果的に上手くいくことが進みそうです。

2022年の運命の日

12月30日

運勢最強日。恋もそれ以外も怖いぐらい上手くいく日。

【トナカイの有名人】

竹内涼真、田中樹、杉咲花

えと村住民ナンバー

26 修行に励む カモシカ

金も名誉もいりません…

特筆すべき生態

平穏を愛する世捨て人的雰囲気

でも意外とミーハー

でも意外と恋は波乱万丈

【カモシカ】シカと名が付くけど牛の仲間。険しい山岳に生息。

このアニマルの生態

騒がしい世の中を離れ、山中に隠居するカモシカの修行僧。大恋愛したり、大きな成功をつかんでウハウハみたいな派手な人生を好まず、地位や名誉、お金にもあまり興味がない無欲の人。他人に惑わされることなく、我が道を黙々と進むので、人生でのトラブルは少ないでしょう。しかし、淡々としているようで興味の幅は広く、色々なものに精通していたり、意外な人脈をもっていたりする「黒幕」感あふれるタイプです。時に周りがびっくりするような、アグレッシブな恋をすることも。

お金
地位
大恋愛
名誉

夢を叶える方法

「おしゃべりな本当の自分を出す方がきっといい結果になるはず！」

俗世を離れ、山中に籠もって修行しているような雰囲気を持つカモシカさんですが、実は意外とミーハーで、おしゃべり好き。でも悪意に敏感だったり、大勢の中で振る舞うのが大嫌いだったりするので、嫌な思いをするくらいなら…と、人と距離を取ることが多いのです。ただ、カモシカさんは人と関わることで運気が上がるタイプ。自らの夢を叶えるヒントは、人から与えられた刺激の中にあることが多いはずです。いっぺんに大勢の人を相手にする必要はありませんが、必要以上に引きこもるとチャンスを逃しかねません。

お主の話聞かせてくれぬか…？
トントン

籠もりすぎNG。時々、「下界」の人との交流を持つことで、いろんなチャンスが訪れそう。

夢を叶える決めゼリフ

下界はどうなっておるかのう…

と、時々でいいので「下山」して、人と積極的に交流を持ちましょう。

カモシカさんと仲良くなれるセリフ

「お願いがあるのだけど…」

意外に頼られると弱いです。お願い事から仲良くなれそう。

2022年の運勢

「地道に生きよう」と思えるような年になりそうです。慎重で、地に足をつけた考え方が出来るようになるので、未来のために貯蓄を始めるのに最適な年。2025年にかけて運気が上り調子。チャンスの時に自由に動けるだけのお金や知識の蓄えに邁進しましょう。

2022年の運命の日

5月20日

何かやりたいことがある時はこの日までに行動を。

【カモシカの有名人】
反町隆史、三浦翔平、滝沢カレン

えと村住民ナンバー
38

マイペースな ホルスタイン

遅れました〜

特筆すべき生態

いじられ上手な愛されキャラ

笑顔が素敵な朗らかタイプ

でも実は意外と暗い

【ホルスタイン】言わずと知れた乳牛。白黒の斑点模様が特徴。

このアニマルの生態

いつもニコニコ笑顔を絶やさない見習い道場生のホルスタイン。マイペースに草をはみ、堅実に日々を過ごしていくようなタイプです。集団の中では、いじられキャラに回ることが多く、その朗らかな性格で周りの人を幸せにする力があります。ただ、裏表がない穏やかな性格に見えて、意外と根暗で、気分が落ちやすい面も。自分の言ったことや、人に言われたことを気にしすぎると、モチベーションを回復させるのに驚くほど時間がかかります。あえて深読みしないことも時には大事です。

和み
ありがとー!!
おいしー
どうぞー
MILK

ホルスタインさんと仲良くなれるセリフ

「センスいいー!」

身につけているものを誉められるのが何よりも好き!

夢を叶える方法

「無理してまで理想の自分に近づくより 今の自分に自信を!」

いじられキャラなホルスタインさんですが、もしかすると当の本人は、自分自身のことを「平凡すぎる」と疎ましく思う瞬間があるかもしれません。理想とする自分は、もっと常識破りで、アウトローなキャラクターなのかも。しかし、その理想に近づこうと道を外れようとしても、人の目を気にしすぎ&傷つくことに臆病な性格なので、きっと上手くいきません。ホルスタインさんの夢を叶えるための成長ポイントはとっても単純です。背伸びしたような自分ではなく、素のままの自分を、と認めてあげることです。というか、周りからすれば、身近な人を幸せにする生き方は、すでに十分すぎるほどの価値があるのです。自分に自信を持つことが大事です。

夢を叶える決めゼリフ

わたしって、超イケてる

そのままでもイケてるイケてる!

ホルスタインさんは何も付け足したりしないでいい「素肌美人」。その魅力に早く気づいて!

2022年の運勢

マイワールドに浸りたい年になりそう。なぜか気持ちが尖りがちで、人の粗探しをついしてしまうような時期なので、集団行動は不向き。同時に、発想力が豊かになる時なので、そのセンスを生かした自分一人でやれることに、幸運が隠れていそうです。

2022年の運命の日

9月8日

物事がスムーズに動く日。難題を解決するならここ。

【ホルスタインの有名人】
錦戸亮、指原莉乃

えと村住民ナンバー

50 反撃に出ると怖い バッファロー

門下生に何かしたらタダじゃおかん!!

特筆すべき生態

愛する人を守るためなら超武闘派に

普段は温厚な仮面をかぶっている

自分に嘘をつけない超正直者

【バッファロー】大型の牛の仲間。単独行動の雄は気性が荒い。

このアニマルの生態

優しそうな顔をしているけれど危険を察知すると、猛烈な反撃を繰り出すバッファローの師範。

友人や家族を大事にする心優しい性格で、自分だけでなく、親しい人に危機が迫ると猛烈な反撃を見せます。まさにその姿は、仲間を守りながら荒野を群れで突き進む猛牛。ここぞというときの迫力はトップクラスです。普段は人当たりのいいタイプで、お世辞も、愛嬌も振りまけますが、本当のところで人に合わせて自分を偽ることができない超不器用者。無理に人に合わせてばかりだと精神が不安定に。

ニコ ニコ
ねぇボクー
悪
うちの子になにか?
悪

バッファローさんと

仲良くなれるセリフ

「なにげにすごくないですか?」

地味だけど、こだわった部分をほめてあげると心を開いてくれます。

夢を叶える方法

「やりたいことはこっそり始めてもみんな応援してくれるはず!」

周りに気を使いすぎるところがあるので、やりたいことがあったとしても身内に反対されると「だよね…」と引っ込めてしまうところがあります。ただ、バッファローさんは気持ちに持続力があるタイプ。やりたい気持ちはずっと消えずにくすぶり続け、その鬱憤が火種となって、大事なはずの身内との仲違いにつながることも。

夢を叶える決めゼリフ

……。(こっそり)

と、譲れないことは人の意見をあまり聞かずに、不言実行で進めましょう。動き出してしまえばこっちのもので、懸命に夢に向かって進む姿を見れば、反対していた周りの人も絶対に理解してくれるはずです。自分が周りを大事にした分、きっと周りも思ってくれています。

こっそり…

好きなことほど、こっそりと。情熱があれば、周りは絶対に応援してくれます!

2022年の運勢

天中殺という、トラブルが起きやすい年に入ります。特に2022年は、他人のせいで散財を余儀なくされたり、面倒ごとを負うことになったりする「巻き込まれ事故」に注意しましょう。12月は比較的運気が安定する時期。5月、9月にモテ運が来ますが、基本、受け身で。

2022年の運命の日

9月20日

何かびっくりするような面白いものと出会える日。

【バッファローの有名人】

西島秀俊、水川あさみ、弘中綾香

2032年までの各アニマルの運気グラフです。
夢に向かって動き出すタイミングは、いつ!?

夢が叶うのはいつ!?

ウシ道場の住民の

10年運勢グラフ

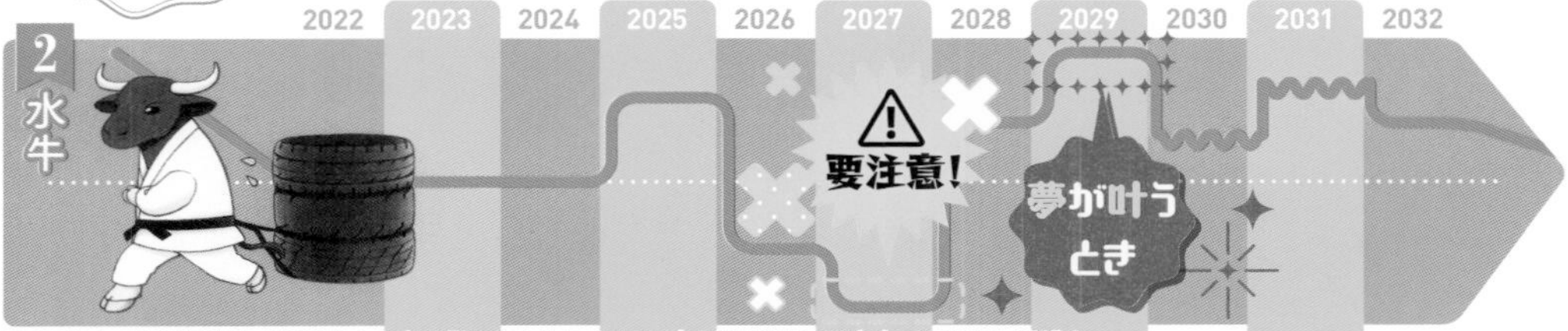

2025年までは運気安定。2029年から幸運期に入りますが、2030年以降は運気不安定。2029年に照準を。

2026～2028年はガマンの3年間になりそう。その後、運気は上がりますが、最高潮なのは2032年。

2026～2027年はトラブル多めな2年間。できれば、運気が安定して高い2025年までに、新しいことは始めましょう。

2027年に、何かに終止符を打つような出来事があるかも。少し不安定ですが、2024～2025年で何か結果を出すべき。

2027年は「天戦地冲」という、人生のリセットボタンを押されたような運気。それを乗り越えると、最高運気が訪れます。

のるかそるか！ ここぞというチャンスに強い凄腕ハンターたち！

トラ芸能事務所の住民たち

一発逆転を狙う個性派ぞろいの芸能事務所。そこでバリバリ働く、

狙った獲物は逃さない肉食系な住民の皆さんをご紹介します!

27 大志を抱くホワイトタイガー
<<< p.028
目指すは大舞台!!
3 人気者のチーター
<<< p.026
みんなありがとーーっ
15 皆を率いるベンガルトラ
<<< p.027
君…いいね
51 大御所感のあるトラネコ
<<< p.030
清く正しく〜
義理人情〜
39 エネルギッシュなライオン
<<< p.029
んなアホなー!

トラ芸能事務所のスローガン

黙って俺についてこい

寅

基本的な生態

思慮深いのに大胆不敵!? 2つの顔を持つ勇猛果敢な狩人

用意周到な慎重派。狙った獲物が通りかかったからといって、すぐに飛びかかるようなヤボなマネはしません。必ずものにできるチャンスが訪れるまでは、いつまでも藪に隠れてじっと待つ、忍耐強い習性を持っています。しかし、一度動くとなったら大胆不敵。持ち前の勇気と意表をつく行動で、瞬く間に目標を達成してしまいます。寛大でユーモアがあるのも特徴。また、正義感が強く、筋が通らないことに敏感。不正や道義に反することとは、徹底的に戦うので、周りから信頼を寄せられるでしょう。ただその分、理想も高く、何よりも自分から頭を下げるのが苦手。どんな小さいことでも、自分から折れたり出来ないので、いきすぎて孤立してしまう点には注意。

相性の生態系

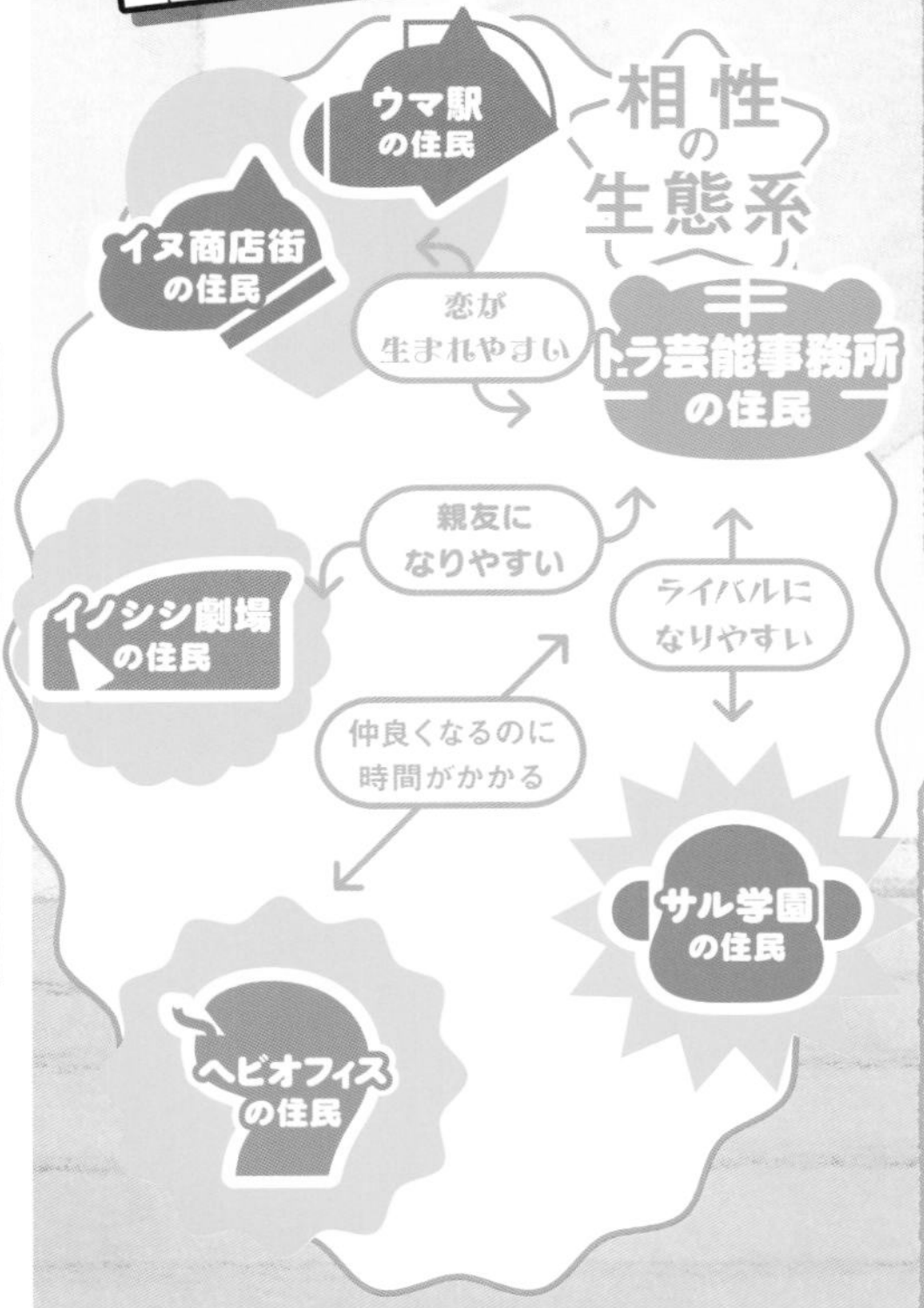

恋愛の習性

引っ張られるより自分がリードするような恋じゃないと上手くいかない!?

障害があるようなロマンチックな大恋愛を望む習性があります。そのため、自覚はないかもしれないですが、恋の相手への要求は高くなりがち。しかも、自分から相手に合わせていくような恋愛ができない性分なので（やろうとしても必ず失敗します）、あなたを支配したりリードしようとする相手とは、必ずどこかでぶつかってしまうはずです。逆に、あなたの支えを必要とする相手を選んで、自分が主導権を握る恋愛をした方が、落ち着いた関係を築けます。ただ、慎重派なはずなのに、好きな人のこととなるとなぜか早トチリしがちなのには注意。しかも、相当のヤキモチ焼きでもあるので、些細なことでも大炎上案件に。好きな人の前では常に素直でいるのが吉。

2022年からの運勢

2022年はいい加減なことができずに何かを突き詰めるような行動に出がち。2025年に運気が下がりますが、翌2026年に急上昇。2022年で決断したことがここで一気に花開きます。

さらに詳しくはこちら!!
10年運勢グラフ <<<p.031
あなたに起こる!? キュン♥エピソードまんが <<<p.119

えと村住民ナンバー

3 人気者のチーター

ちょっと外に出かけてきまーす☆
ビューン!!

特筆すべき生態

ポジティブすぎ&さわやかすぎな生き方

人間関係もとってもさわやか

さわやすぎてモノや人に執着なさすぎ!?

【チーター】草原に棲む肉食獣。走力に優れ、最高時速は120km。

このアニマルの生態

陽気なキャラクターで人気急上昇中のアイドル☆チーター。天性の明るさで芸能界の荒波をものともせずに乗り越えていきます。バランス感覚に優れ、複雑な人間関係の中でも上手くやっていく才能があります。人と人との間を縦横無尽に駆け回るその姿は、まさにアニマル界のナンバーワンスプリンターです。希望に満ちた華やかな生き方を好み、家にいて何かするよりも、外に出て行った方が生き生きするタイプ。ただ、何でも軽やかに行動する反動からか、ちょっと飽きっぽいのが玉にキズ。

良い天気ですね!
明日どっか行こーよ!
またキレイになりました!?

チーターさんと仲良くなれるセリフ

「一緒にいると楽しい!」

人を楽しませること命なアイドル冥利につきる言葉に弱いです。

夢を叶える方法

「立ち止まって考えるよりも歩みを止めないことが大事!」

言われなくてもそうしているでしょうが、じっとしていない方がよいです。じっくり取り組んで一つのことを極めるというより、様々なことを経験したり、多くの人と出会うことで成長するタイプだからです。飽き性なので、一つ一つの経験は浅くなりがちですが、物事同士を結びつける器用さにかけてはピカイチ。今まで学んだ雑多なもの同士を結びつけることにより、誰も思いつかなかった新たなことを実現できるでしょう。その歩みを止めないためにも、常に自由に動ける環境を整えることが大切です。束縛されそうになったら、

夢を叶える決めゼリフ

「うずうずしちゃうのでちょっと違うところに行ってきます!」

と、自慢のスプリント力を生かして飛び出した方が夢が近づきます。

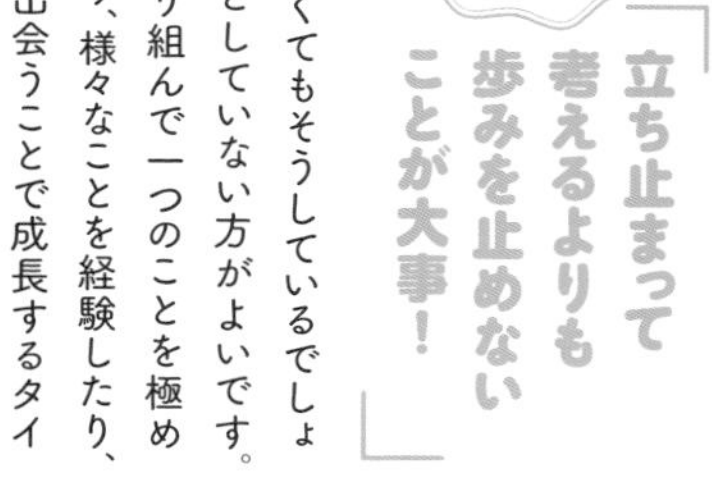
あっちにも行きたいからまたねー☆
ピョーン

俊足が発揮できるかどうかが大切。理不尽に自由を奪われそうな気配を察知したら即脱出!

2022年の運勢

何かと忙しい年になりそう。様々なことが次から次へと舞い込んで、それをさばくことに手一杯になるので、自分のことに手が回らないかも。ただ、ここで頑張っておくと、2023年に、それが結果となってあらわれ、何かをつかみ取れる暗示が。くれぐれも歩みは緩めないように。

2022年の運命の日

6月26日

何か引きよせそうな日。大きな臨時収入があるかも。

【チーターの有名人】
氷川きよし、はじめしゃちょー

えと村住民ナンバー

15 皆を率いるベンガルトラ

虎視眈々

特筆すべき生態

狙った獲物は逃がさない キング・オブ・トラ

なぜかリーダーになる運命

恋愛はドラマチックさMAX希望!

【ベンガルトラ】熱帯雨林などに棲む大型のトラ。絶滅危惧種。

このアニマルの生態

トラ芸能事務所に君臨するベンガルトラの敏腕社長。肉体的にも精神的にも、とってもタフ。休まなくても意外と平気なタイプですが、意味なくせかせかなんてしません。虎視眈々とチャンスを見定め、ここぞというときにターゲットに襲いかかって必ずものにする…とっても合理的な考え方と大胆な行動力を併せ持っています。情に厚く、面倒見のいいリーダーの風格を持ち、一代にして成功をおさめることも多いタイプ。ロマンチストで、恋愛はドラマのような展開を密かに望んでいます。

ベンガルトラさんと仲良くなれるセリフ

「秘密の相談があります」

信用されることが無上の喜びです。頼ってあげましょう。

夢を叶える方法

「プライベートが意外と表に出る!? どっちも手にするどん欲さが吉!」

合理的に生きようとするので、公私はハッキリ分けたいタイプ。…なのですが、そう上手くいかないかもしれません。いい恋愛をしていたり、いい友人関係に恵まれているときは、全てがノリノリ。失恋したり、知り合いと大ゲンカしたときは全てが上の空。本人は否定するかもしれませんが、「私」の部分が全てに影響を与えるタイプです。なので、夢のためにプライベートを犠牲にするという考え方は、逆にその実現を妨げることになるのです。

夢を叶える決めゼリフ

すべて俺のもの（イケボ）

と、どん欲に行動する方が、結果的に上手くいきます。謙虚さは時には必要ですが、ベンガルトラさんはアニマル界の首領。「ドン」らしく強引さを表に出しましょう。

社長キャラですもの。キング・オブ・トラですもの。欲張ったっていいんです。

2022年の運勢

「人に任せる」がキーワードになります。何でも自分でやろうとしてしまうと、手が回らずに、全てが中途半端になってしまい、絶対に後悔します。なるべく細かいところは気にしないで、ある程度を人任せにしてしまった方が、この後の大きな成功につながります。

2022年の運命の日

3月11日

この日を含め3～4月が運気高め。大きな決断はここで。

【ベンガルトラの有名人】
山下智久、松岡茉優、稲垣吾郎、ミキ亜生

えと村住民ナンバー

27

大志を抱く ホワイトタイガー

特筆すべき生態

いくつになっても心は青春時代

いつも精神的に不安定

知らないところでモテている

【ホワイトタイガー】トラの白変種。白く美しい毛並みが特徴。

このアニマルの生態

大舞台を夢見る役者志望のホワイトタイガー。猛獣ばかりのトラ芸能事務所の中では珍しく、ソフトで近よりやすい雰囲気がありま す。でも、内面はやはりトラ。大きな夢をずっと追いかけるような激しい生き方をします。いわば何歳になっても青春の中で生きているようなタイプで、理想の自分と現実との差にずっと悩んでいるような青臭さを持っています。でも、その悩み続ける姿こそが、最大の魅力であり、色気の源。精神的に困難が多い人生ですが、いつまでも夢を追う生き方が似合います。

夢を叶える方法

「尊敬する人の真似やアドバイスを取り入れることでどんどん成長!」

人の真似を恐れないことが成功の鍵になります。「物真似はいけないことだ」と言われることがありますが、本来、

夢を叶える決めゼリフ

芸は盗むもの

です。ホワイトタイガーさんは人のエネルギーを自分のものにして伸びていくタイプ。「あの人のあのやり方を取り入れてみよう!」と、積極的に尊敬する人のいいところを取り入れたり、助言を実行したりすることが、成長に直結します。様々な人を観察し、その方法を吸収していくことで、かえってホワイトタイガーさん自身のオリジナリティーが際だつようになるのです。自己流にこだわることなく、たくさんの人から学ぶ態度が、夢を近くに引き寄せます。

自分に合いそうなものがあれば、何でも取り入れる!
このどん欲さが運を引き寄せます!

ホワイトタイガーさんと仲良くなれるセリフ

「まだまだだなぁ」

ちょっとMっ気があるので、
叱咤激励の方が
キュンとするはずです。

2022年の運勢

様々な人脈をひきつける年になりそうです。交友関係が広がり、どんどん知り合いは増えますが、すぐには深い仲にはならないかも。その中で、長いつきあいになるような友人や、本気の恋ができるような人が見つかるのは2024年以降になるかもしれません。

2022年の運命の日

10月8日

モテ運が炸裂する日。
告白はこの日がベスト。

【ホワイトタイガーの有名人】
松本潤、山田涼介、柳楽優弥、マツコ・デラックス

えと村住民ナンバー
39
エネルギッシュなライオン

瞬発力!
なんでやねん!!

特筆すべき生態

人のツッコミどころを見つけるのが上手

人との関わりが成長の源

アーティスティックな才能あり

【ライオン】アフリカなどに生息。特に欧米では強さの象徴に。

このアニマルの生態

芸人のライオン(もっぱらツッコミ担当)。人の面白いとこをめざとく見つけて、いちいちツッコまないと気が済まない、根っからのエンターテイナー気質。独立独歩で歩むというよりは、人との関わりの中でものを作り上げ、その中で自分も成長していく生き方が向いています。のんびりしているように見えても、そこは百獣の王。いざ目の前に目標が現れると、即座に行動を起こし、その瞬発力は他のアニマルの追随を許しません。芸術・芸能の才に恵まれ、海外で活躍するような運も持っています。

0.1秒後
ザッ

ライオンさんと仲良くなれるセリフ

「台風一家ってどこにいるの?」

いいボケが一番のごちそう。ただしスベると超冷たい。

夢を叶える方法

「仲間と行動すると大きな夢を追えるぶっちゃけトークで警戒をといて!」

実は何でも一人で出来てしまうタイプのライオンさん。でもその本領は、自分一人で出来る範囲の小さい物事というよりは、人を巻き込んだ大きな物事の中でこそ発揮されます。単独行動よりは、群れで行動した方が夢は叶いやすいのです。だから、一緒に行動する人との信頼関係がとても重要になってきます。ただ、本人は気付いていませんが、一見茫洋としているので、何を考えているのかわからない謎めいた人と思われがち。ともすると何か企んでいるかも?と警戒されてしまうこともあるので、

夢を叶える決めゼリフ

怖くないよ~

と、折に触れて周りに示し続けることが大切。腹を割った態度が夢をつかみ取るための近道です。

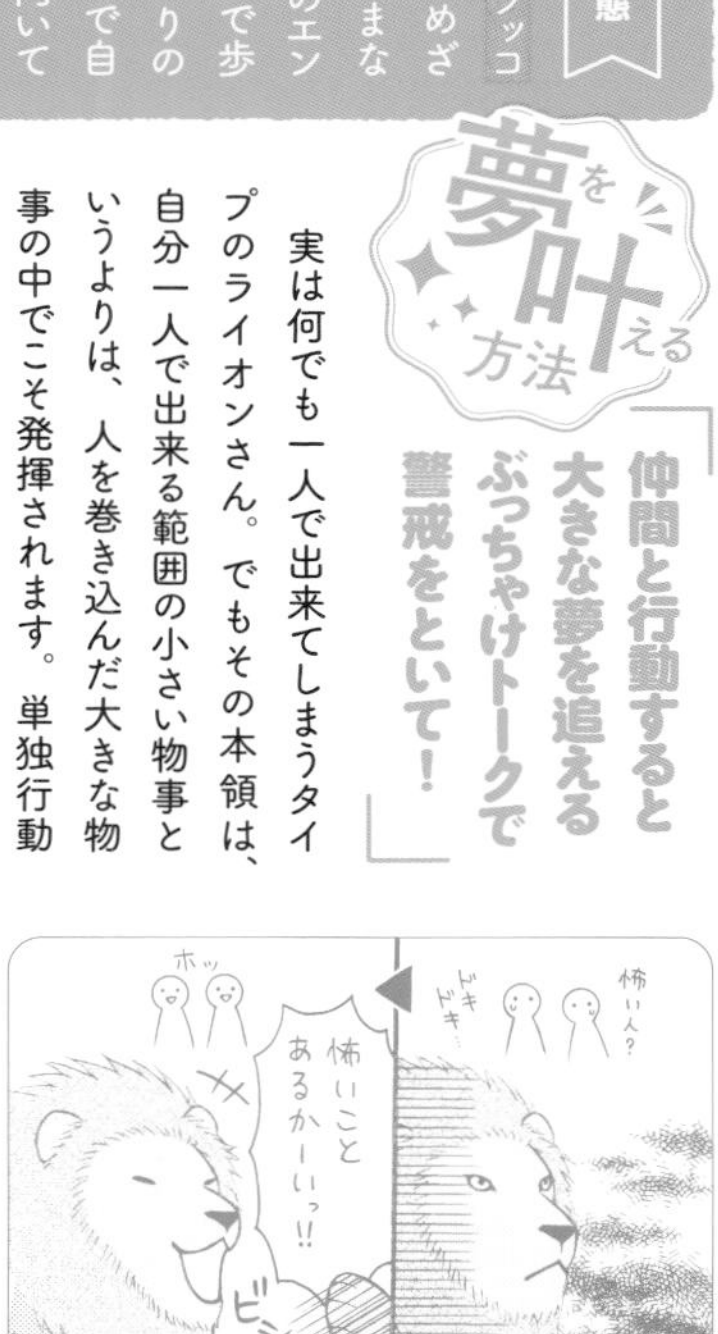
ドキドキ…
怖い人?
ホッ
怖いことあるかーいっ!!
ビシッ

意識しないと意外と怖い人認定されがち。自分へもツッコミいれてフレンドリーさアピールを。

2022年の運勢

60年に一度巡ってくる「律年」という人生のターニングポイントの年。後戻りのできない大きな決断をするはずです。この決断が人生を決めるといっても過言ではありません。この1年は恋でも進路でも「自分にとって一番大切なことは何か」を常に考えて行動を。

2022年の運命の日

2月18日

集中力がこれ以上ないほど高まる日。深いことを考えるのはこの日に。

【ライオンの有名人】
石原さとみ、中村倫也、伊沢拓司

えと村住民ナンバー

51

大御所感のある トラネコ

ビシッ
その曲がった根性
あたしが叩き直してあげるよっ

特筆すべき生態

人から慕われる親分気質なカリスマ

正義感強すぎでトラブル多め

人に見せないだけでとっても努力家

【トラネコ】トラのような縞模様を持つ猫。飼い猫として人気。

このアニマルの生態

豪快で明るいオーラを放つ大物演歌歌手のトラネコ。面倒見がいい根っからのアネゴ肌。明るく公平で、全く媚びない生き方をするので人に慕われます。時に、「信者」と呼べるような熱狂的なファンが生まれるほどのカリスマ性を持っています。正義感がとても強く、曲がったことが大嫌い。自分の美学から外れた人を盛大に攻撃し、大きなトラブルを起こしてしまうことも。とはいえ、普段は派手を好まない、地道に努力するタイプ。一歩ずつ着実に目標へ近づいていくストイックさがあります。

あたしゃズルする奴は許さないよ!
アネゴ!
わかりやしたアネゴ!!

✦トラネコさんと仲良くなれるセリフ

「よっ!日本一!」

おだてられることにめっぽう弱いので思いっきり誉めましょう。

夢を叶える方法

「逃げちゃダメだ! 度量の大きい態度がそのカリスマ性を倍増させる!」

その振る舞いだけでなく、追う夢も豪快なトラネコさんは、自分に正直な発言が魅力。当然、味方は多いけれど、敵も多いタイプです。追う目標が大きくなればなるほど関わる人が増えるわけで、どれだけ「アンチ」に足を引っ張られないかを考えざるをえない場面が増えるかもしれません。ただ、そういう協力的じゃない人を避けてばかりいると、せっかくのカリスマ性がダウン。今度は味方の方に愛想を尽かされる可能性だってあります。そう、と、全ての人に公平な態度をとれる度量を持つことが目標達成の鍵になるのです。経験を積み、余裕が出てくる中年以降に大きなことを成し得るチャンスが多いでしょう。

夢を叶える決めゼリフ

全員の話を聞こうじゃないか

言いたいことがあるなら言ってごらん
全部聞こうじゃないか!
アンチ
ファン

味方だけじゃなく敵にも分けへだてなく接する公平な態度で、カリスマ性がさらにUP!

2022年の運勢

2年間続いたトラブル続きの天中殺の日々が終わり、ほっと一息つけるような年です。新たな気持ちで、色々なことを始めるのには最適。ただ、「一生もの」に出会えるのはまだ先かもしれません。やりたかったことを片っ端からかじって、お試ししておきましょう。

2022年の運命の日

11月1日

強運日。強気になれるので勝負したいことはこの日に。

【トラネコの有名人】
浜田雅功、松本人志

夢が叶うのはいつ!?

トラ芸能事務所の住民の

10年運勢グラフ

2032年までの各アニマルの運気グラフです。
夢に向かって動き出すタイミングは、いつ!?

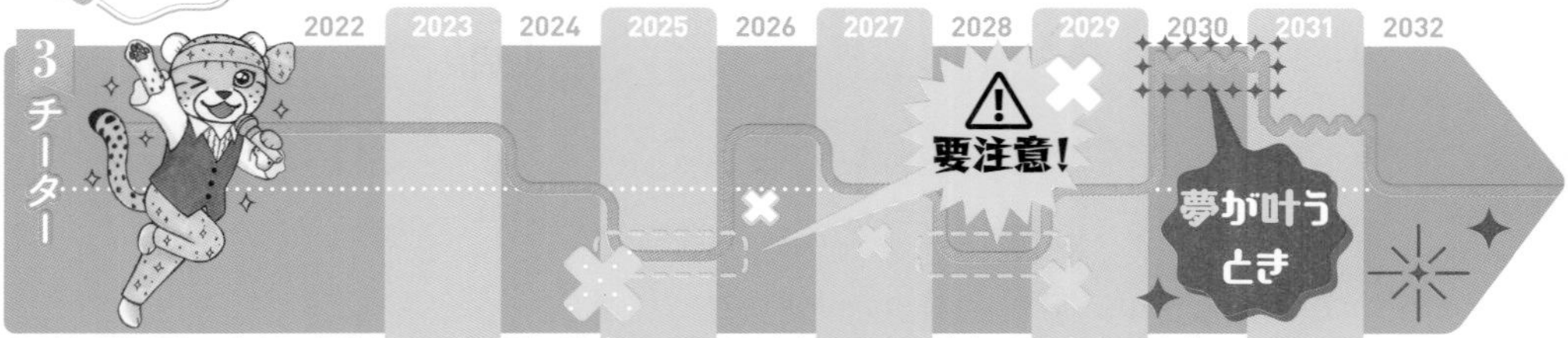

2025年以降、運気は乱高下。行動を起こすなら運気が安定している2023年までに。それを逃すと2030年までおあずけ。

トラブル多めな2028～2029年さえ気を付ければ、運気は高く安定した10年間。出会いが多いのは2026年。

2026年はトラブル多めだけどそれをうまく乗りこなせれば最高の運気。2028年は人間関係の悪化に注意を！

何か大きな決断をすることになる2022年から始まるこの10年は超激動。特に2025～2028年は吉凶が入り乱れそうです。

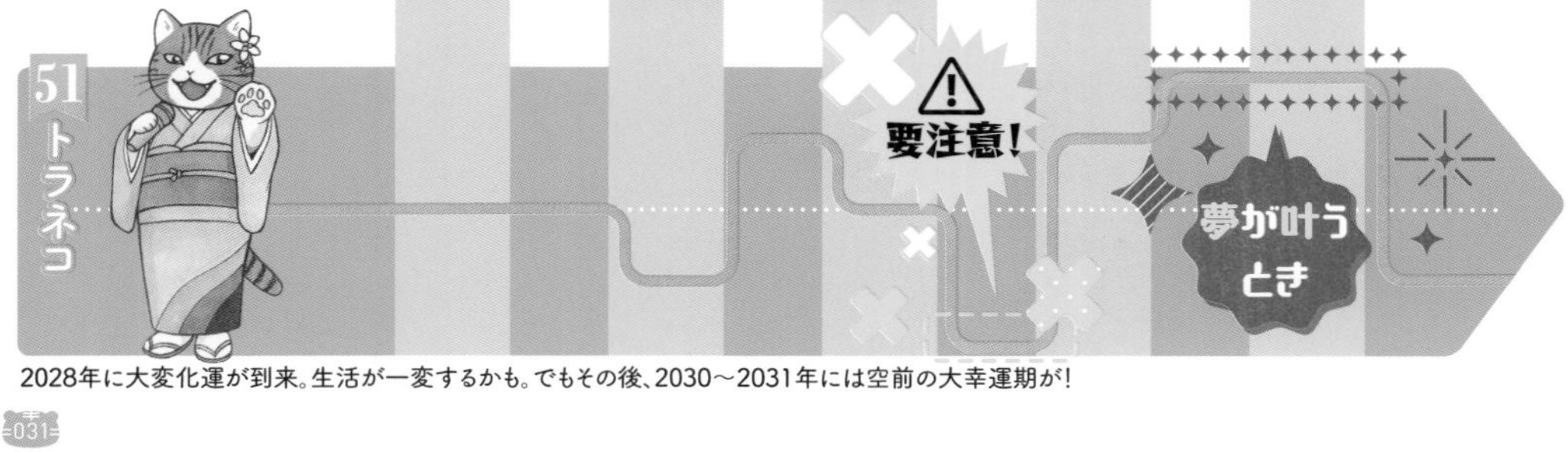

2028年に大変化運が到来。生活が一変するかも。でもその後、2030～2031年には空前の大幸運期が！

＼ 争いごとは大の苦手…平和を愛する癒し系たち！ ／

ウサギ団地の住民たち

なごみムード漂う、一見とてものどかな団地。住民も、ご近所トラブルなんか起こさない平和主義者…と思いきや、意外とクセ者ぞろい!?

28 お人好しな アンゴラウサギ

<<< p.036

ひと休みしては
いかが？

4 キュートな ネザーランドドワーフ

<<< p.034

LOVE♡
LOVE♡

16 軽快に生きる ロップイヤー

<<< p.035

スクープ
スクープ!!

40 お嫁さんにしたい レッキス

<<< p.037

おかえり
あなた♡

52 大器晩成な フレミッシュジャイアント

<<< p.038

勉強勉強！

ウサギ団地のスローガン

カメに負けない！

卯

基本的な生態

テキパキ仕事する生来の片付け上手 安心したときの怠け癖には注意！

寂しいと死んじゃう…とまではいかないまでも、とても繊細な性格をしています。でも、マイナスの気持ちを長く引きずらないので、闇落ちからの復活が早い。基本、楽天家です。行動はとってもテキパキしていて、片付け上手。目の前にある「やらなければならないこと」を次々こなしていくのに快感を覚えるタイプです（ToDoリストとか大好き！）。また、思い立ったことを行動に移すスピードと迫力には凄まじいものがあります。ただ、瞬発力がピカイチな分、持続力はイマイチ。スタートダッシュが決まったことに満足して、その後はどうでもよくなってしまうことも。「ウサギとカメ」みたいに、怠け癖が原因で、とんでもない失敗をしてしまう可能性があるので注意。

相性の生態系

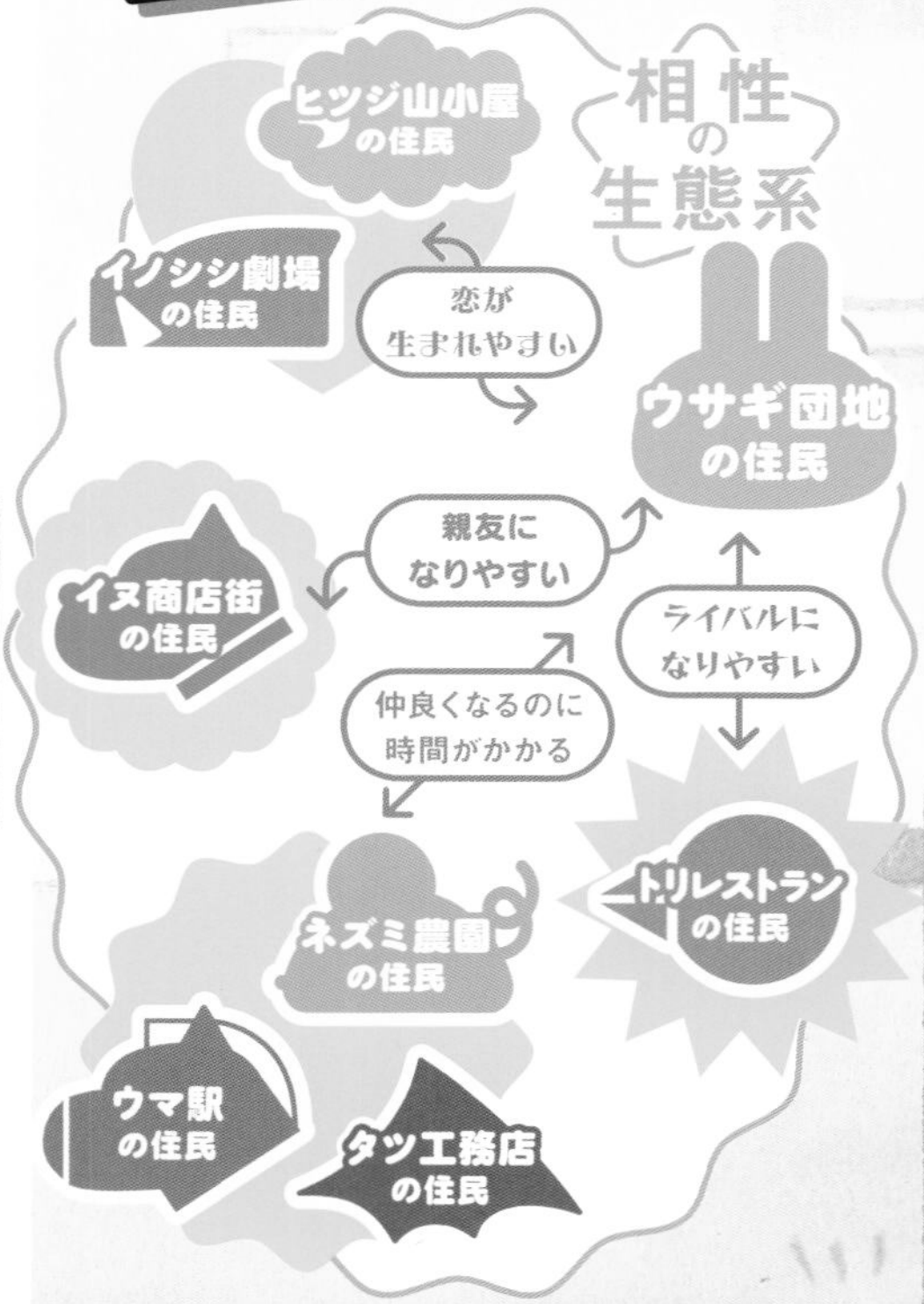

恋愛の習性

劇的な恋は無縁!? 自分を知っている身近な人との恋がベストマッチ！

本能的に平穏を求めるタイプなので、偶然出会った人と恋に落ちるようなドラマチックな展開はあまりないかも。たとえ、そんな運命的な恋にあこがれていたとしても、実際自分に降りかかると、自分の生活や価値観が変わってしまうのはちょっと…とためらい、思い切って飛び込めないかもしれません。自分の生活ペースが崩れるのをとても嫌う習性があるのです。だから、幼馴染であったり、同じ趣味の友達であったり、相手の性格まで分かっている身近な人と恋を育んでいくのが一番の鉄板恋愛パターン。共通点が多ければ多いほど恋に発展しやすいので、「共通の知人からの紹介」で出会った人とゴールインすることが多いでしょう。一度結ばれると献身的に相手に尽くすタイプです。

2022年からの運勢

2023年まではあまり積極的に行動しない方がいいかもしれません。下手に動くと2024年に人間関係がこじれる暗示。本格的に運勢が動き出すのは、2027年を待たないといけなくなりそう。

さらに詳しくはこちら!!
10年運勢グラフ <<<p.039
あなたに起こる!? キュン♥エピソードまんが <<<p.125

えと村住民ナンバー

4 キュートな ネザーランドドワーフ

CUTE
おはようございまーすっ

特筆すべき生態

生まれながらのモテ体質

観察力が鋭く世渡り上手

何事も準備に時間がかかる

【ネザーランドドワーフ】最も小さいペット用ウサギとして有名。

このアニマルの生態

不思議に人をひきつける魅力を持つウサギ団地のアイドル。夢見がちなその瞳に見つめられたら、「かわいい！」と抱きしめずにはいられない天性の色気を持っています。ともすると嫉妬を買ってしまいそうなものですが、そこはご近所付き合いの上手いウサギ団地の住民。周りをよく観察し、上手く世の中を渡っていきます。臆病な性格から、何かを始めるのには周到な準備が必要なため、一歩出遅れてしまうことも。ただ、動き始めるとその瞬発力は凄まじく、誰も敵わないほどのパワーを発揮します。

かわいー！
抱きしめたい!!

夢を叶える方法

「目標はできるだけ近くに定めた方が類まれな瞬発力を生かせます！」

旅行は計画を立てているときが一番楽しい…じゃないですが、用意周到なネザーランドドワーフさんにとって、今から向かう目標の下調べをしているときが、気持ちの盛り上がりのピークだったりします。その勢いに乗ってのスタートダッシュはきれいに決まるのですが、一瞬で失速。いまいち持続力に欠けるのが難点です。遠いところに目標を定めるのが間違い。例えば、恋なら「今日はあの人に必ず声をかける」、勉強なら「このページだけやる」とできるだけ近くに目標を定めましょう。短距離走も、何回も繰り返せばマラソンの距離になります。

少しずつ！
目標
目標
目標
目標
目標達成！次いってみよー！

長い道のりも少しずつの目標に区切れば、きっと飽きずにどんどん進んでいけるはず！

夢を叶える決めゼリフ

この一瞬にかけるのよっ！

とその俊足を生かす目標設定を。

ネザーランドドワーフさんと仲良くなれるセリフ

「好きにすれば？」

優しくされ慣れてるので、ちょっとツンな態度が逆に効果的⁉

2022年の運勢

何か大きなことを成し遂げられるかもしれない年です。いつになく「成長したい！」という高い意識が芽生えるので、そのモチベーションが高いうちに行動に移しましょう。1～3月は運気が安定。ここで何らかのアクションを起こしておくと次につながります。

2022年の運命の日

3月31日

やりたいことはこの日までに実行に移しましょう。

【ネザーランドドワーフの有名人】
羽生結弦、浅野忠信

えと村住民ナンバー16

ロップイヤー

軽快に生きる

気になる気になる〜!!
ガン
ガン

特筆すべき生態

絵に描いたようなおっちょこちょい

好奇心のままになんでも首をつっこむ

誰も進んだことのない道を開拓する才能あり

【ロップイヤー】大きく垂れ下がった耳が特徴の小型のウサギ。

このアニマルの生態

好奇心旺盛すぎるロップイヤーの探偵さん。フットワークがとっても軽く、これが自分の使命だとばかりに、色んなところに首をつっこんでしまうタイプ。でも、とってもおっちょこちょいなところがあるので、気付けばトラブルの中心になっていたりします。痛い目を見ることもたくさんありますが、未知の分野を開拓する精神や、人と積極的に関わろうとする姿勢は、様々な場所で求められる貴重な個性です。明るく軽やかな性格をしているので、何があったとしても人からは好かれます。

あそこが怪しいっ
GO GO!!

ロップイヤーさんと仲良くなれるセリフ

「もし知ってたら教えてほしいんだけど」

情報通ぶりを頼られると嫌とはいえないお人好しです。

夢を叶える方法

「興味の向くまま冒険へ出るために日頃からの積み重ねを大切に!」

敷かれたレールの上を行くというよりは、誰もあまりやったことがないことにチャレンジする方が、運がひらけるタイプです。どっちに進むか迷ったのなら、より刺激が強い方を、より解決法が分からない方を!どちらがより心がワクワクするか?という素直な気持ちにしたがって選ぶ方が、結果的に上手くいくことが多いでしょう。ただ、その冒険が許される環境にいないと、そもそも選択自体が不可能。一緒に生活するパートナー選びや、いざというときの貯蓄も万全に整えるのが先決。好奇心センサーが反応したときに自由に行動できるだけの下準備を、普段から地道に積んでおくことが夢へ進むための第一歩です。

夢を叶える決めゼリフ

ボクの好奇心センサーがこっちだと言っている

いつでも飛び出せるように
準備準備!

その瞬発力と行動力を最大限に生かすために、常に準備は、おこたらずに!

2022年の運勢

つい不用意な行動を取りがちなロップイヤーさんが慎重すぎるくらい慎重になる年です。そのため失敗は激減しますが、刺激は少ないかもしれません。でも、堅実な毎日の積み重ねが結果に結びつくので、今できることを一つ一つ大事にして過ごしましょう。

2022年の運命の日

7月9日

何か予期せぬ嬉しい知らせが舞い込みそうな日。

【ロップイヤーの有名人】
デヴィ夫人、米倉涼子、米津玄師、永野芽郁

えと村住民ナンバー28

お人好しな アンゴラウサギ

お手伝いしましょうか?
SYUKU DAI

特筆すべき生態

上品で品格あるセンスの持ち主

人を疑わないピュアすぎる性格

不器用で容量オーバーになりがち

【アンゴラウサギ】毛織物の素材となる長く上質な毛のウサギ。

このアニマルの生態

最上級の毛並みをまとうアンゴラウサギのマダム。ワンランク上の上品なセンスを持っています。人に愛情を注ぐことに生きがいを感じるタイプなので、面倒見がよく、誰に対してもとっても親切。ともすると、人の苦労を進んで買って出てしまうようなところがあります。ただ、あまり器用な方ではないので、頼まれごとを大量に引き受けてしまうと、キャパオーバーで大爆発を起こし、精神的に病んでしまうことも。八方美人になりすぎには注意。時には断る勇気を持つことも大切です。

手伝いましょうか?
代わりましょうか?
疲…

アンゴラウサギさんと仲良くなれるセリフ

「そのアクセ素敵!」

身につけているものから会話に入ると一番ノッて話してくれるかも!

夢を叶える方法

「ピュアな魅力を守ってくれるガードマンを見つけましょう♥」

根っからの善人で、最初から人を疑うことをしないので、ちょっと世間知らずっぽい雰囲気のあるアンゴラウサギさん。人にだまされたり、いいように使われたりして悔しい思いをすることがあるかもしれません。「もっとズル賢くなりなよ」と言いたいところなのですが…そしたらアンゴラウサギさんの良さがなくなってしまいます。その無垢な心こそが人を引きつける力であり、成功の鍵だったりするからです。だから、悪い人が寄って来たときに備えて、

夢を叶える決めゼリフ

「警護をお願いしてもいいかしら?」

と頼めるような、自身に代わって近寄る悪を遠ざけてくれるボディーガード的存在を人生で見つけられるかどうかが重要。パートナー選びこそ、慎重に慎重を重ねて。

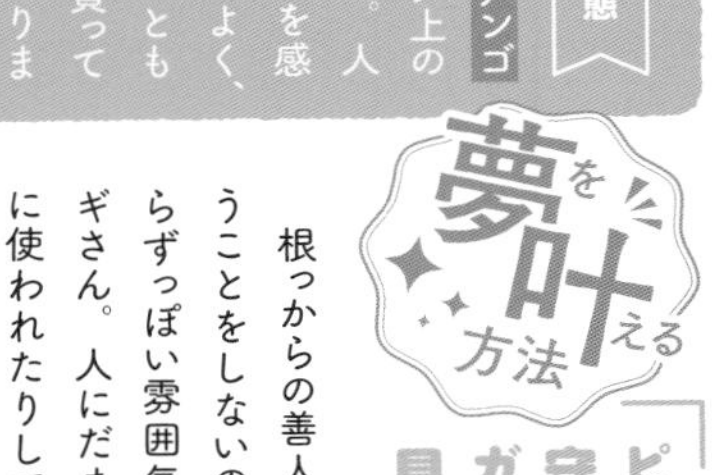
NO!!
頼れるパートナーを見つけて!
100万円

パートナーを見つけるなら自分とは正反対の「守ってくれそうな人」を選びましょう。

2022年の運勢

人との距離感をよく考えた方がいいとき。感覚が鋭くなるので、人の嫌なところばかりが目に付いてしまうのです。無理に人と関わるよりは、一人でできる作業などに没頭した方が、人生を前へ進められるような出来事に遭遇しそうです。

2022年の運命の日

11月30日

驚くような人やものとの嬉しい出会いがある日。

【アンゴラウサギの有名人】
イチロー、木村カエラ、大坂なおみ

えと村住民ナンバー40

レッキス

お嫁さんにしたい

ごはん
できてるよ♥

特筆すべき生態

お嫁さんにしたら まさに「良妻賢母」

夢見がちなようで 妙に現実主義者

実は感情表現が苦手

【レッキス】短毛種のウサギ。光沢のある毛並みが特徴。

このアニマルの生態

世話焼きで、子煩悩。しかも、意外と几帳面でお金の計算も得意。まさに「お嫁さんにしたいウサギナンバーワン」と噂のレッキスの奥さん。ウサギの中で最も飼いやすいと言われる品種なだけあって、一緒にいる人にストレスを全く与えません。ほんわかしたオーラをまとっているので夢見がちに見えるのですが、実はかなりのリアリスト。現実をちゃんと把握した上で、地に足の着いた行動を好みます。仕事も早く、責任感もあるので、「お嫁さん」に限らず、どんな場所でも頼りにされる存在です。

お嫁さんに
したい NO.1!!
おかえり
なさ〜い♥

レッキスさんと 仲良くなれるセリフ

「ここ、任せてもいい？」

実は頼られたいタイプなので、信用されると心を開きます。

夢を叶える方法

「時には本音を表に出さないと誤解されたままになっちゃうよ！」

団地の奥様のご近所付き合いがそうであるように、あまり本当の感情を表に出さないタイプです。内面では色々あっても、少なくとも表面的には我を張らずにポーカーフェイスを貫きます。これはたぶん「感情を表に出すことはハシタナイこと」という美学を持っているから。でも、あまりにそれが行きすぎると、時には主体性のない人に見えたり、何かを企んでいる怖い人に見えたりして、知らないところで誤解を招き、いらぬ壁を作ってしまっているかもしれません。譲れないことがあるなら、

夢を叶える決めゼリフ

私、本当は！

と、感情を素直に表現した方が周りとの距離が縮まり、目標達成への援助が受けやすくなるはずです。

どうしても これが
やりたくて…
うまく
いかないの〜
特大
ラブラブ
うさぎ
カレー
まあ
そうなの！
手伝うわ！

恥ずかしがらずに、やりたいことは周りに伝えましょう。絶対に応援してくれる人がいます。

2022年の運勢

何もしなくても交友関係が広くなる年になりそう。ノリも軽く、思い切った行動がとれるようになるので、今まで自分が関わったことのないタイプの人と出会えるかもしれません。また、見聞を広げるのにもいい年なので、色々なことを体験してみましょう。

2022年の運命の日

8月1日

強運日。何か面白いものとの出会いがあるかも。

【レッキスの有名人】
大野智、松山ケンイチ

えと村住民ナンバー
52
大器晩成な
フレミッシュジャイアント

焦らない
焦らない
のっそ
のっそ

特筆すべき生態

地道な自分磨きを欠かさない努力家

人生はスロースターター

恋は意外と主導権をにぎるタイプ

【フレミッシュジャイアント】世界最大級の体を持つウサギ。

このアニマルの生態

ゆっくりとした歩みで勉学に励む苦学生のフレミッシュジャイアント。

チートな近道を探すことをよしとせず、堅実に能力を磨いて自分を高めていく努力の人。スロースターターですが、着実に目標に向かう胆力を持っています。ただ、その自分を磨いてきた自負からか、テコでも自分を曲げない、とても頑固なところがあります。また、自分を曲げないそのスタイルはプライベートでも発揮され、恋はかなり強引。おっとりしているようで、波乱ぶくみの恋愛を多く経験してしまうタイプです。

今日はあと3万歩…
近道

夢を叶える方法

「人の上に立つようになってからが本番！そのときのために努力を積み重ねて！」

自分の考え方と違うものは、全てはねつけてしまうくらいの頑固さがあるフレミッシュジャイアントさん。その態度は、特に目上の人にとっては「生意気」にうつるようで、年上には、なかなか好かれにくい運気を持っています。後輩の立場でいるときは、苦労が多いかもしれません。でも、

フレミッシュジャイアントさんにとって、人の上に立つ立場、つまり先輩の立場になってからが人生の本番です。それまで地道に蓄えてきた知識や身につけた技術を思う存分発揮できるようになったときにこそ、活躍の機会があるのです。夢を叶えるなら、焦らずゆっくり機会を待ちましょう。

先輩
先輩
焦らずコツコツ…
センパーイ！
後輩
後輩
ここからが本番！

「先輩」の立場になってからが個性を発揮するチャンス。焦らず努力を重ねて！

フレミッシュジャイアントさんと仲良くなれるセリフ

「それ知らなかった！」

知識が豊富なことを誉めると途端にデレるようです。

夢を叶える決めゼリフ

急いては事を仕損じる

2022年の運勢

天中殺が過ぎ去り、運気が通常運転に戻ります。周囲の状況は以前と大きく変わっているので、それに合わせてこの先を考える起点となる年です。ただし、急いで決めると失敗します。2022年は焦らず、この先どうするかという計画をしっかり立てるのに当てましょう。

2022年の運命の日

11月7日

恋多き日。
誰かから告白されるかも!?

【フレミッシュジャイアントの有名人】
豊川悦司、大塚寧々、柴咲コウ

夢が叶うのはいつ!?

ウサギ団地の住民の

10年運勢グラフ

2032年までの各アニマルの運気グラフです。
夢に向かって動き出すタイミングは、いつ!?

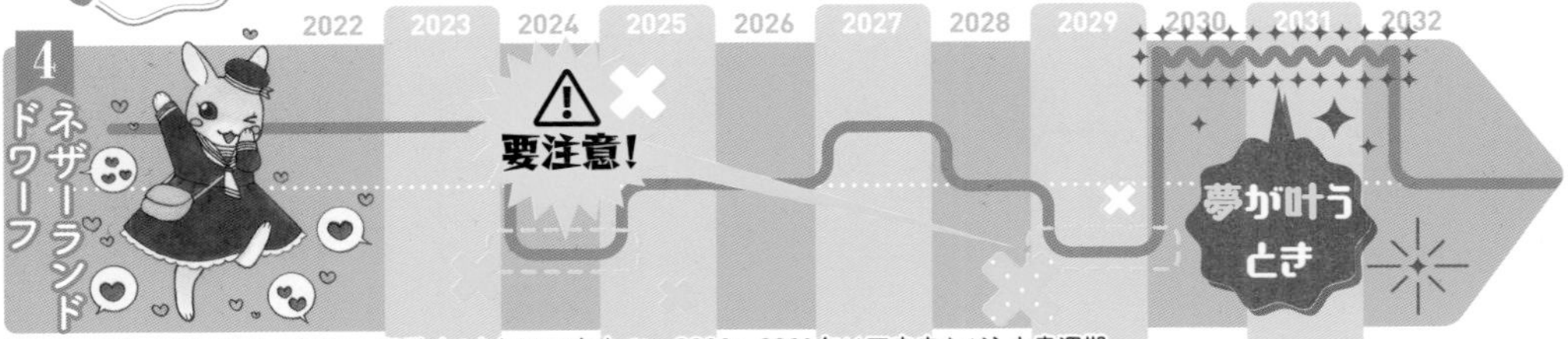

2024年以降、運気が下がり気味に。行動するなら2023年までに。2030～2031年は不安定ながら大幸運期。

予想外のことが起きそうな2028～2029年以外は高い運気が流れます。特に出会いが多いのは2027年。

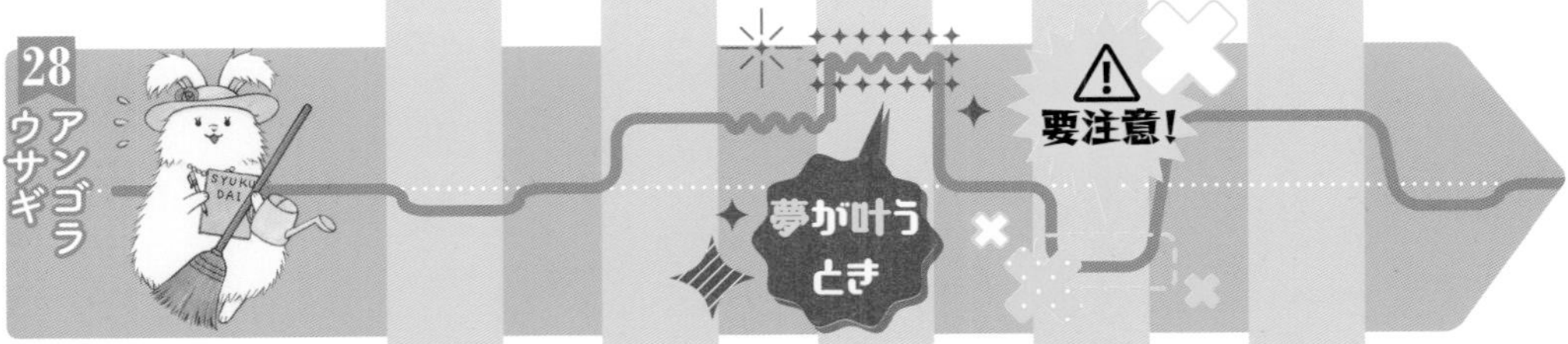

2027年は不安定ながら、大きな幸運の波がやってきます。2029年には何らかの別れを経験するかも。

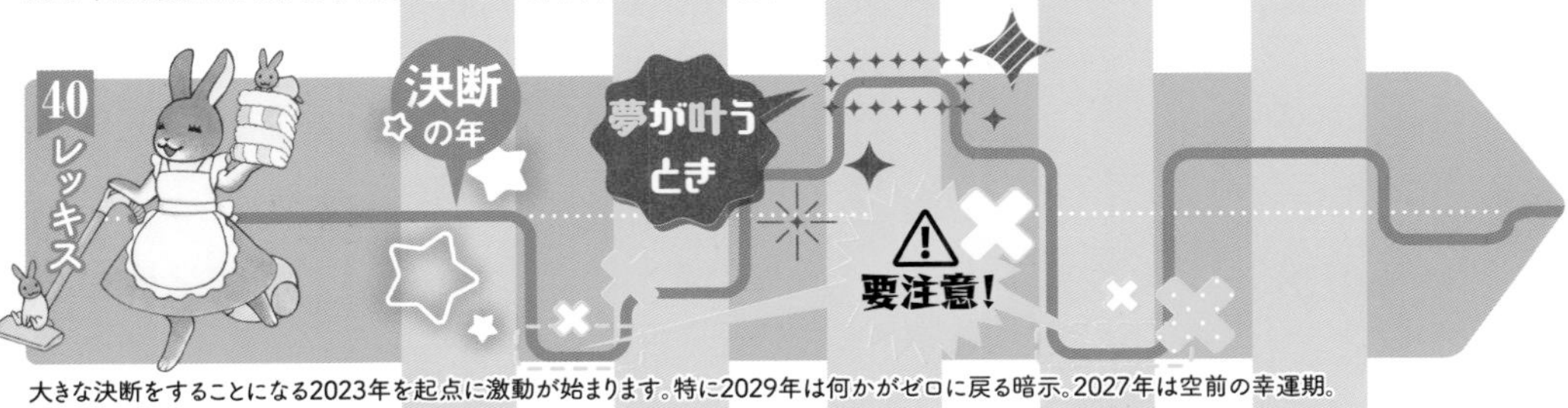

大きな決断をすることになる2023年を起点に激動が始まります。特に2029年は何かがゼロに戻る暗示。2027年は空前の幸運期。

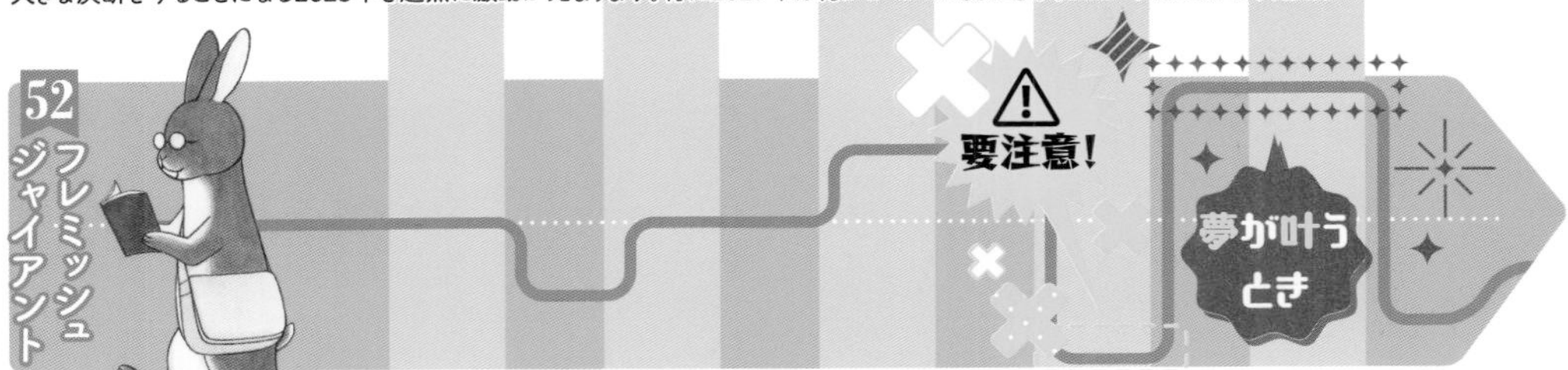

2028年までは平穏。2029年で何かを失い、2030～2031年でもっと大きなものを手に入れる暗示。

心にヤケドするほど熱い情熱！ 親分肌の頼れる職人軍団！

タツ工務店の住民たち

腕利きな職人が勢ぞろいする工務店。一見ほんわかしているけれど、内面に情熱を秘めている!? 実は熱い住民たちを紹介しましょう！

29 文武両道な ヤマタノオロチ <<< p.044
なんでもお任せ!!
17 親分肌の ドラゴン <<< p.043
ついて来な新人！
5 人に頼らない ネッシー <<< p.042
……。
53 強運な タツノオトシゴ <<< p.046
マスコット
よっかわいいね！
超キュート!!
41 ニコニコした リュウ <<< p.045
ニコニコ
安全第一
気を引き締めていきましょう

タツ工務店のスローガン

男は黙って自分磨き

辰

基本的な生態

でっかいスケールの夢を追いかけていくロマンあふれる頼れるボス!

どっしりとした存在感があり、何か大変なことが起こったとしてもあまり慌てたり、騒いだりしません。その大親分のような度量の大きさで、どんな集団にいても、周りから頼りにされる存在になります。大きな理想や目標を追いかけるので、些細なことで人と競うようなセコいマネもしません。もっと大きなレベルでマウントをとり優越感を味わうようなスケールの大きさが特徴です。ただ、一度怒り出すと手がつけられなくなる短気さが弱点。また、自己主張が激しいタイプなので、実力がともなっていないと「口だけの人」と思われてしまいがち。怒りをどうコントロールするか、語る夢に見合うだけの力を身につけられるかどうかが、人生最大のテーマです。

恋愛の習性

恋も親分肌!? 頼りにされ求められることが恋のスイッチ!

真面目で浮ついたところがなく、ぬくもりを感じさせる雰囲気を持っているので、とてもモテます。自分からアプローチすることは滅多にないけれど、恋のお誘いは多いでしょう。しかも、来るもの拒まず去るもの追わずの精神を持っているので、その恋は軽やか。恋人に発展するかもしれない友達の数は多め。しかし、本命をそれ以外とはっきり分けて考え、いざとなると慎重になるので「本当の恋」をする機会は多くありません。

恋でも、親分肌なところは発揮されます。自分から甘えていくことは苦手。心の奥底で、誰かに求められたいという欲求を強く持っているので、それを満たしてくれるような相手を見つけられれば、落ち着いた関係を築けそうです。

2022年からの運勢

2023年はトラブル運の年。

2022年は「あれもこれも」と色々なことに手を出しがちになりますが、あまり欲張って動くと、翌年、人間関係で面倒くさいことに巻き込まれるかも。

さらに詳しくはこちら!!
10年運勢グラフ <<< p.047
あなたに起こる!? キュン♥エピソードまんが <<< p.131

えと村住民ナンバー

5 ネッシー

人に頼らない

特筆すべき生態

人に知られることなく物凄いことをやる

目の付けどころが独特

他人の力を借りることが苦手

こっそり…

【ネッシー】イギリスのネス湖で目撃された、UMAの代表格。

このアニマルの生態

滅多に人前に姿を現さない謎の職人、ネッシー。自分磨きは人目につかないところでやりたいタイプ。さらに、人がやらない分野を好んで極めようとするので、発見されたときにはすでにその分野の実力者になっていたりする、まさにUMA（未確認生物）と呼ばれるのにふさわしいアニマルです。単独行動を得意としていて、他人の手を借りることがすごく苦手。本人も、他人の力を借りるとパフォーマンスが下がってしまうことを分かっているので、軽々しく頼るようなことはしません。一人で偉業を成し遂げることも。

こんなすごい城
誰がいつの間に建てたんだ!?

ネッシーさんと仲良くなれるセリフ

「これすごい好き！」

自分より自分が作ったものを誉められることが無上の喜びのようです。

2022年の運勢

恋をするなら今年しかない！くらいの勢いで、恋愛モチベーションが爆上がりするかもしれません。普段、単独行動を好むネッシーさんも、もし恋をしたいのなら能動的に人と知り合うべき年です。恋に縁がなかった人も、恋の季節へと発展する大チャンスになります。

2022年の運命の日

4月29日

出会いが多い日。運命の人をさがせ！

【ネッシーの有名人】
堂本光一、今井翼、森星

夢を叶える方法

「なるべく誰にも邪魔されない環境を整えるのが必勝法！」

人知れず努力を重ね、粘り強く困難に立ち向かうタイプなので、時間はかかっても、夢を自分の手で叶える力を持っています。ただ、人と一緒に何かをするのが苦手なので、誰かとの共同作業でゴールを目指すことになってしまうと、途端に勢いがなくなってしまうのが玉にキズ。なるべくチーム戦に持ち込むことは避けるべきですが、どうしようもない場合は、やるべきことの線引きをしてチーム内単独行動をするのも手です。ちょっとつれない行動のように思えますが、気持ちに余裕が生まれるので、他の人のフォローに回ることができ、かえってチームの仕事効率が上がります。

夢を叶える決めゼリフ

ここからここまでが私の担当ね

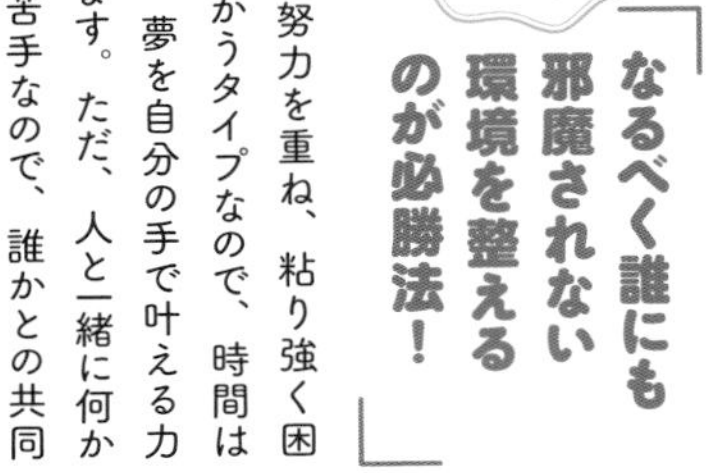

ぱき
てき
ココまで私がやります
は
早い…！

やるべき仕事を線引きすることで、自分のパフォーマンスを最大限に発揮できそう！

えと村住民ナンバー

17 親分肌のドラゴン

特筆すべき生態

単純・豪快・天真爛漫

度胸があるので
一発勝負の大舞台が得意

ただし恋にはめっぽう疎い

頼み事?
任しときな!!

【ドラゴン】ヨーロッパの神話などに登場する想像上の生き物。

このアニマルの生態

自由に生きるドラゴンの棟梁。気分が乗っているときは大空を翔《かけ》るように人生を進め、気に入らないことがあると、炎を吐いて暴れ回る…単純だけど、とても豪快な性格をしています。大ざっぱで細かいことは苦手。我慢もしない自由奔放、天真爛漫な生き方をします。でも、頼まれるとイヤと言えないお人好し。しかも、頼られると俄然やる気になってしまう親分肌なので、人には好かれます。見かけより強気で自分に自信があるので、大舞台の方が輝くタイプです。しかし、ムード作りが苦手なので、恋はさっぱりかも。

しゃーねーな
俺がやってやるよ!!
任せろ!!

ドラゴンさんと
仲良くなれるセリフ

「あの時、かっこよかったっす」

過去の武勇伝を言われることが大好物です。

夢を叶える方法

「かかげる目標は大きければ大きい方が叶いやすくなる!!」

「夢を見るなら、とことん大きな夢を!」がドラゴンさんの人生のテーマです。平穏無事を願うような「小さな幸せ」を守る地味な生き方は似合いません。周りにあれこれ気を配れるタイプではないので、根回しや事前準備が苦手。裏表もないので、波風を立てないよう小さくまとまった行動をとると、かえって失敗をしやすいのです。

夢を叶える決めゼリフ

祭りだ! 祭りだ!

と、大きな目標をかかげ、仲間と一緒に、にぎにぎしく前に進んでいくのがドラゴンさんの必勝パターンなのです。かかげるものが大きい分、降りかかる困難も大きくなりますが、その天性の勝負強さでくぐり抜けられるはず。一緒に行動する仲間を大切に。

でっかいこと
やってやろー
ぜ!!
おーっ

どうせ目指すなら、皆と一緒にかかげる大きな夢を。その方がドラゴンさんの心に火がつきます。

2022年の運勢

肩の力が抜けた自然体が魅力となってモテる1年になります。ただ、正直すぎ&恋愛下手なドラゴンさん。その上、決断力のない年なので複数の人と関係を持ってしまうと大きなトラブルに発展する可能性が。ズルズルと関係を続けると生活も乱れるのでご用心。

2022年の運命の日

5月11日

この日に出会った人とは
長いつきあいになる可能性が。

【ドラゴンの有名人】
大沢たかお、佐藤健、竹内まりや、安室奈美恵

えと村住民ナンバー **29**

文武両道な

ヤマタノオロチ

特筆すべき生態

なんでもできちゃうマルチな才能

上昇志向がとっても強い

ただし集中力&持続力は低め

何から先に
やりましょう?

【ヤマタノオロチ】日本の神話に登場する、8つの首を持つ生物。

このアニマルの生態

びっくりするほど器用なヤマタノオロチの職人見習い。頭が8つあるだけに、多方面にマルチな才能を発揮するタイプです。勉強も運動も、理系も文系も、設計も大工仕事もできちゃう器用さがウリです。上昇志向が強く、自分のためになることをどんどん取り入れて、大きく成長していくことができます。ただし、なんでもこなせてしまうために、一つの物事への集中力は低め。考えなしに放っておくと、それぞれの頭が好きなことを始めてこんがらがり、全く前進できなくなってしまいます。

ちょっと
引っぱらないで
1つのことに集中しましょう。

✦ヤマタノオロチさんと

仲良くなれるセリフ

「コレ、いいらしいよ」

情報に飢えているので
おすすめなものを
紹介してあげると〇。

夢を叶える方法

「夢を達成することではなくて夢を追うこと自体が人生の目標に!?」

強い上昇運を持っています。目標がぼんやりと曖昧なうちは、ダラダラしがちなのですが、明確な目的を持てば、誰にも負けない前進力を発揮するタイプです。しかし、問題はその目標を達成した後のこと。自分が高められている!と思ううちはいいのですが、いざその高みに上って安定してしまうと、途端にやる気はゼロ。せっかく達成したのに、あんまり嬉しくない…みたいなことに。夢を達成することではなくて、夢の途中で、

夢を叶える決めゼリフ

キツい…でも、気持ちいいっ!

と走り続けていることこそがヤマタノオロチさんにとっての最良の人生なのかもしれません。いつまでも、夢を追い続けることが、幸せにつながります。

夢叶っちゃった…
ダラ〜
次はあの夢を!

夢が叶うと途端にパワーダウン!?　走り続けていることが生き生きするコツです。

2022年の運勢

周りからの援助が得にくい年です。自立を促されて、これからの身の振り方を考えなければならない出来事もあるかも。でも自分のためだけでなく、誰かのため、何かを守るためと考えると、強くなれて力がわくはず。頼られる自分を目指して、頑張りましょう。

2022年の運命の日

8月12日

物事が勢いよく進む日。
気づけば幸運が転がり込んでる?

【ヤマタノオロチの有名人】
中川大志、大谷翔平、広末涼子

えと村住民ナンバー41

ニコニコしたリュウ

邪魔!!
安全第一
ニコ
ニコ

特筆すべき生態

笑顔の裏側に「龍」の素顔!

味方の面倒をよく見る頼れるタイプ

ただし敵には容赦ない攻撃!

【リュウ】日本や中国の神話に登場する、縁起がよい生き物。

このアニマルの生態

ニコニコ笑顔を絶やさないリュウの「鬼」現場監督。とっても穏やかそうな人に見えて、実は心に雷鳴を轟かせているタイプです。普段は、面倒見がよく、とっても落ち着いた雰囲気なのですが、いざ目標を見定めると、その激しい気性が前面に出てきます。自分の障害となるようなものには容赦なく攻撃を加え、立ちはだかる敵をばったばったとなぎ倒して前へ進んでいきます。とっても負けん気が強く、必然的に敵を多く作ってしまいがちですが、その分、協力者にも多く巡り会えるはずです。

邪魔だ邪魔だ!!
どけ!!
安全第一
普段
目標を見つけたら…

リュウさんと仲良くなれるセリフ

「ついていきます!」

親分肌なので子分的な感覚でよいしょすれば心を開いてくれます。

夢を叶える方法

「ほんわかした外見とストイックな中身その差を上手く利用しましょう!」

ギャップを上手く使うことが鍵かもしれません。リュウさんは一見ほんわかして見えるのだけど、実はとても激しい気性の持ち主。不用意にそのとがった部分を周りに示してしまうと、どん引きされるどころか、本来なら協力してくれる人も逃げてしまいます。でも、いつも怒ってる人より普段は優しい人が怒ったときの方が何倍も威力がありますよね。効果的なタイミングで、自分を示すことができれば、驚くほど意見が通りやすくなるのです。そう、つまり大切なのは、

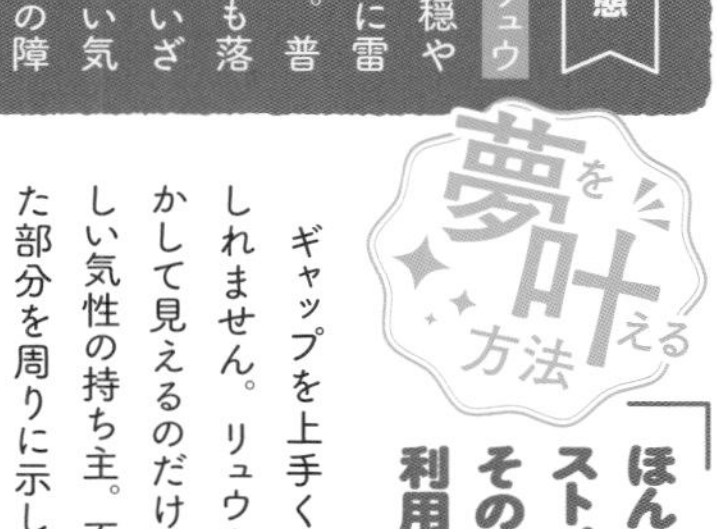

アメとムチの
使い分け!
安全第一
安全第一

激しい気性(ムチ)をオモテに出すのはここぞというときに。その方が断然効果的!

夢を叶える決めゼリフ

飴《アメ》と鞭《ムチ》!

です。心の中の激しいエネルギーをコントロールし、周りをよく見て放出できるようになれば、夢を大きく引き寄せられるはずです。

2022年の運勢

2年間続く天中殺に入ります。自分で主導権を握ってやろうとすることは裏目に出やすいので、流れにまかせて。特に上手くいかないことを焦って改善しようとすると失敗します。新しいことを始めるよりは、今の生活を充実させ、まずは情報収集を優先させて。

2022年の運命の日

9月4日

有益な情報がもたらされる日。
アンテナをはって待機!

【リュウの有名人】
佐々木蔵之介、戸田恵梨香、関根勤

えと村住民ナンバー

53 強運な タツノオトシゴ

特筆すべき生態

経験を積んでから才能が開花する大器晩成型

いつまでも若い見た目

自分を曲げれない不器用者

レベルアップ中

【タツノオトシゴ】魚には見えない外見のトゲウオの仲間。

このアニマルの生態

いつまでも若々しいキュートな見た目でマスコット的な存在のタツノオトシゴ。強い運気を秘めた逸材です。相当なメンタルの強さを持っていて、人に惑わされずに努力を重ねていくタイプ。ただ、自分を曲げてまで人とつきあうということをしないので、意外に孤独かもしれません。若い頃は、他人の苦労まで負ってしまうような不器用さがあるからか、なかなか花開きません。経験値を多く積むことで、最強のタツに進化! 培ったものを生かして、人生を大きく進める可能性を秘めています。

晩年
Level up!!

夢を叶える方法

「丸くなったね」と言われるほどの素直さが開運の鍵になる!?

寂しがり屋なくせに、自分の思うように周りが動かないとついカッとなって、じゃあ一人でいい!とすねてしまうような、少しひねくれた性格をしています。才能豊かで、それを押し進められるだけの運を持っているにもかかわらず、この頑ななところが原因でチャンスを逃してしまうことも。ただ、年を重ねて、そのトゲトゲしたところが丸くなり、と、周りに、素直に助けを求められるようになると運気は一変します。本来もっている愛嬌たっぷりなところがクローズアップされ、手をさしのべてくれる人が増えるのです。意地を張らずに自分の弱さをさらけ出すことが目標達成の鍵になるでしょう。

夢を叶える決めゼリフ

誰か! 助けて!

誰か助けて〜!!
もちろん!!

少しドジで弱気なところを周りは愛してくれてます。素直になることが開運の秘訣。

タツノオトシゴさんと仲良くなれるセリフ

「若く見えるよね!」

意外と見た目に気を使っているのでそこを誉めてあげましょう。

2022年の運勢

2年間続いた天中殺が去り、運気は通常運転に戻ります。ただ、これまで以上に周囲のあなたへの期待は大きく高まり、色々忙しくなりそう。勢いであれもこれもできてしまう年だけに、慎重さを心がけ、体を張りすぎないで。2、3月はアクシデントに注意を。

2022年の運命の日

8月23日

モテ日。人を引きつける力が強まるので告白に最適!

【タツノオトシゴの有名人】
高橋一生、鈴木亮平、横浜流星、上戸彩

夢がいつ叶うのは!?

2032年までの各アニマルの運気グラフです。
夢に向かって動き出すタイミングは、いつ!?

タツエ務店の住民の
10年運勢グラフ

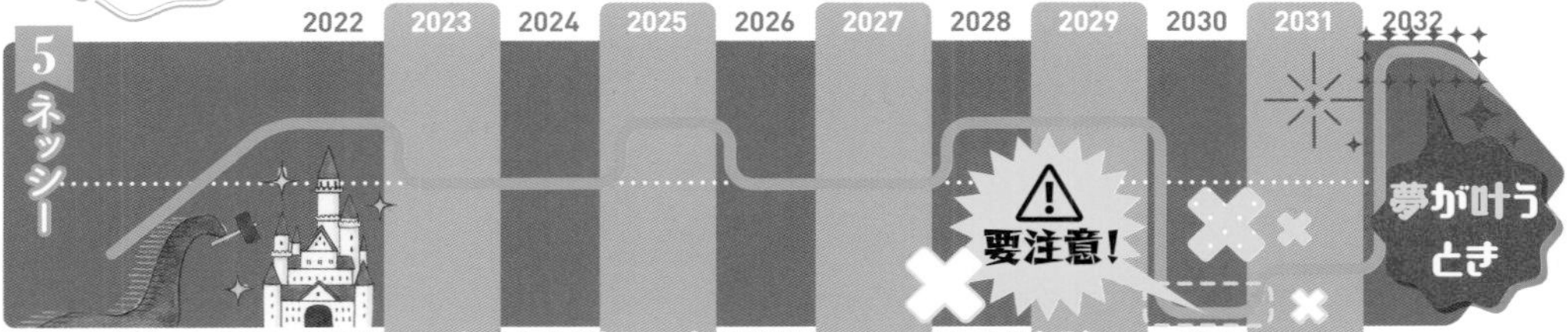

平穏な10年間です。2030～2031年のトラブルや変化が多発する年を乗り越えると、2032年には最高運気がやってきます。

2025年から長い幸運期に入ります。ただ、2028年以降は運気が不安定になるので、新しいことを始めるなら早めに。

運気は2026年から上向きます。本格的にいい幸運のサイクルがめぐってくるのは2028年に入ってからでしょう。

2024年は何か大きな決断をする年。そこからしばらくは平穏ですが、2028～2030年は運気が激動します。

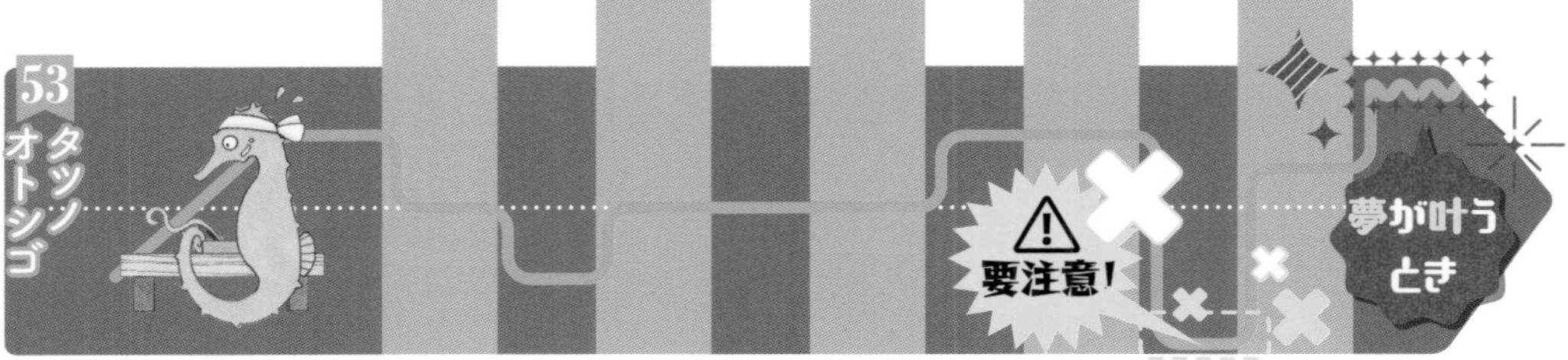

10年間の前半は平穏。2030年の何かが終わりを告げる「大リセット運」を乗り越えると運気は急上昇します。

\ モテ度はアニマル界No.1! 恋多きオフィスワーカーたち /

ヘビオフィスの住民たち

オフィスラブがあちこちで発生中な株式会社。それもそのはず、

ここで働くアニマルはなぜか人をひきつける魅力を秘めている!?

今日のスタイリングも完璧☆
うん美しい…。
うっふん♡
ハブ
営業いってきまーす

30 キャリアウーマンなニシキヘビ <<< p.052

18 違いのわかる白蛇 <<< p.051

6 お天気屋のガラガラヘビ <<< p.050

42 SEXYなコブラ <<< p.053

54 気の多いハブ <<< p.054

ヘビオフィスのスローガン

嫌われる勇気（ヘビだもの）

巳

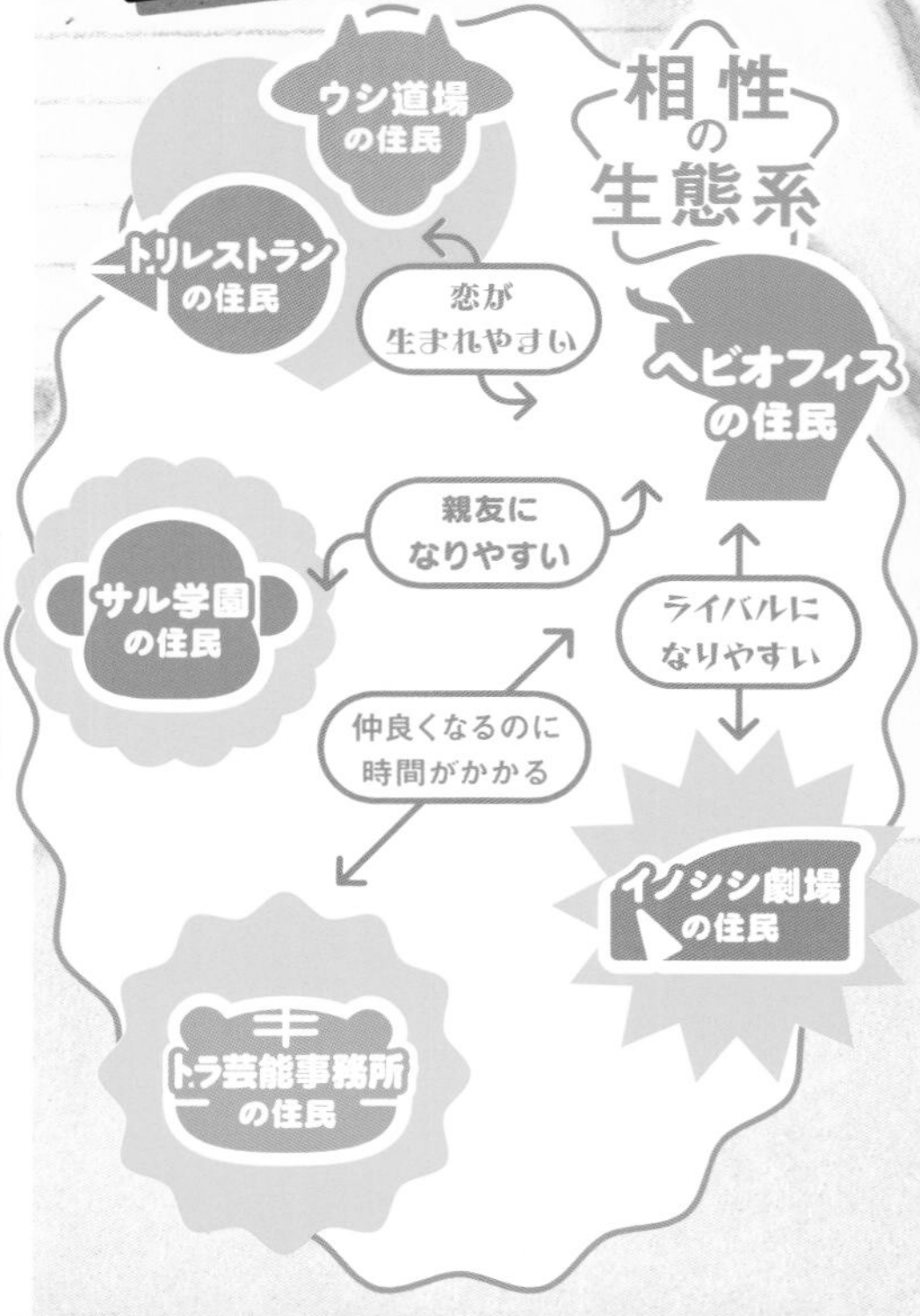

基本的な生態

いい意味で！執念深い努力で成功をつかみ取る！

自分の意志を強く持っていて、とってもエネルギッシュなのですが、あまりそのことに周りは気付きません。そのパワーを爆発的に発揮するのではなく、周囲に気を配りながらなるべく小出しにしようとする習性があるからです。自分がやると決めたことは、絶対に諦めることなく着実に努力し、みんなが気付いたときにはすでに自分のものにしてしまっています。そんな獲物に忍びよる、まさにヘビのような行動は、時に周りの人には打算的にうつり、やっかみの対象になったり、理解されないことも多いかもしれません。でも、そのずっと努力し続けられる才能は、ヘビオフィスの皆さんにしかないものです。過度に気にせず、自分の道を突き進みましょう。

恋愛の習性

恋の相手は必ずオトしてしまう百発百中の凄腕ハンター!!

いわゆる「フェロモン系」が多いのが特徴です。見た目に関係なく、なぜか人をひきつけてしまう不思議な魅力があります。また、恋をしていないと本来の力を発揮できないので、人生において恋愛は必須。恋人候補を多数キープしてしまう「ハーレム状態」なことも珍しくありません。

恋をすれば、かなりの確率で相手を落とす名ハンターです。一つの恋のタームは長く、情熱的な関係を好みます。尽くすよりは、尽くされる側になることが多く、その魅力で相手を思うようにコントロールするのは、この住民の特殊能力かも。というか、操縦できない相手とは長続きしないからかも。結婚すれば、主導権を握り、しっかり者の妻や夫になります。

2022年からの運勢

2022年は人間関係に注意が必要な年。特に恋愛トラブルを起こすと、泥沼状態になってしまうので要注意。2023年以降は平穏な運気に戻りますが、運気が盛り上がるのは2028年かも。

さらに詳しくはこちら!!

10年運勢グラフ <<<p.055

あなたに起こる!? キュン♥エピソードまんが <<<p.137

えと村住民ナンバー

6

お天気屋の ガラガラヘビ

感情の振れ幅(大)
あっはっは
キーーッ

特筆すべき生態

マルチな才能を秘めたなんでもできるタイプ

感情の起伏が激しい

実体験を糧にして伸びる

【ガラガラヘビ】威嚇の際に尾を震わせて音を出すヘビの仲間。

このアニマルの生態

マルチな才能を持つガラガラヘビのエンジニア。ガラガラを持って赤ちゃんをあやすような世話焼きな一面がある一方、近寄る敵に毒を浴びせかけるような激しい感情をあらわにする一面も持ち合わせる、とても複雑な人。感情の振れ幅も大きく、ゲラゲラ笑っていたと思えば、次の瞬間には誰かに怒りをぶつけていたりするので、「扱いにくい人」と認定されがち。でもそれは、ピュアで正直すぎる心の裏返しです。様々な経験を積むことで、いつのまにか大成してしまう、静かなる大物。

感情の振れ幅
くやし〜〜
スン…
ほーら ガラガラ だよ〜〜

ガラガラヘビさんと仲良くなれるセリフ

「わかってるわかってる」

理解を示してあげることが一番のツボのようです。

夢を叶える方法

「自分の肌で感じた経験で成長！自分のことは自分で決めること！」

本で学ぶ知識というよりは、実体験を糧にして伸びるタイプなので、いかにたくさんのことを経験できるかどうかで、人生が大きく変わります。人任せにして楽に生活を送ってしまうと運気も低迷。できるだけすべてのことを自分で決め、実行に移していくことが、夢を実現する第一歩になるでしょう。つまり、キーワードは、

夢を叶える決めゼリフ

自立します！

です。親の庇護を強く受けているのなら生家を出た方が運は伸びていくはずです。また、先輩や上司の言いなりになってばかりの環境にいるのだとしたら、その場から飛び出してしまった方がいいかもしれません。運命を自分から切りひらくという気概が、運を一気に引き寄せるはずです。

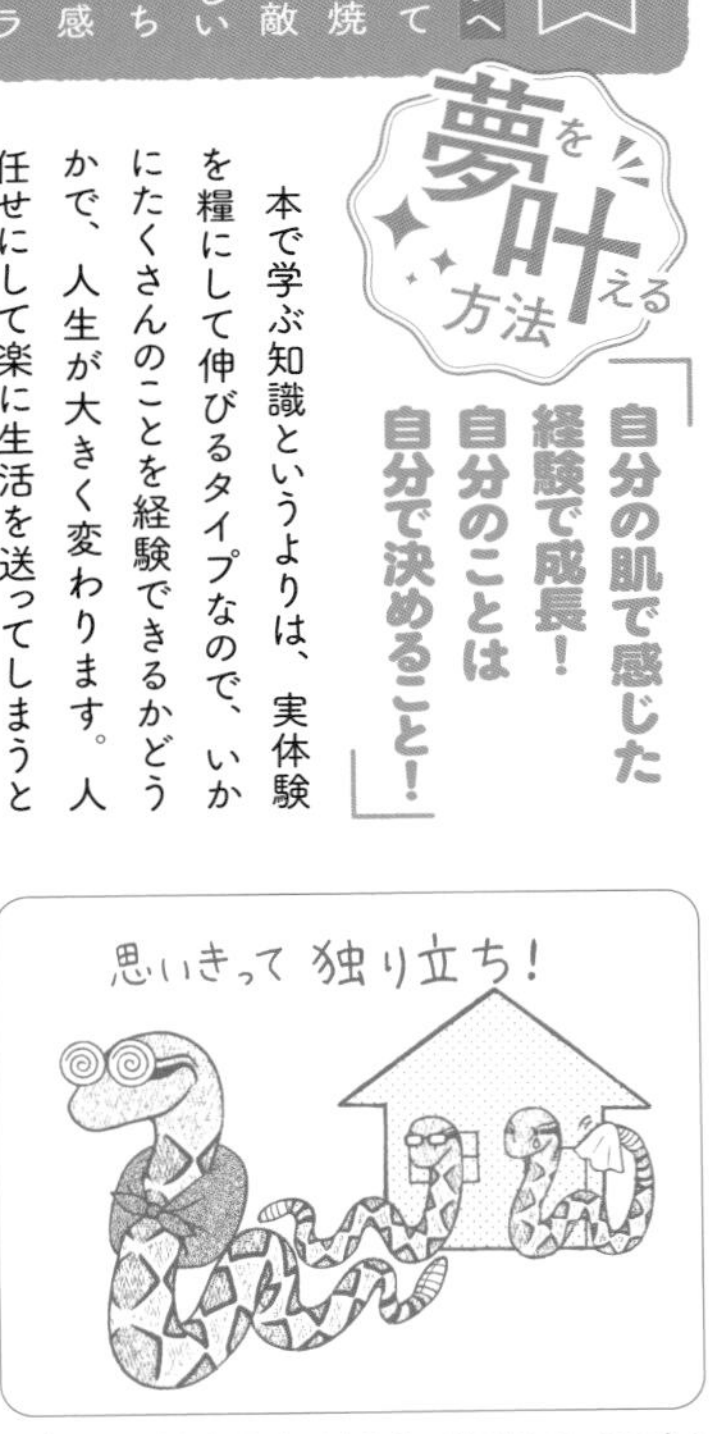

思いきって 独り立ち！

人任せではなく、なんでも自分で決めることができる環境に身を置く方が大きく成長できます。

2022年の運勢

しっかりしないと！という気持ちが目覚めるので、前向きに、でも堅実になる年。2022年はヘビオフィスの皆さんにトラブルが起きやすい年ですが、慎重になる分、たいへんなことになる前に回避できそうです。未来のために、お金や知識を蓄えるには最適の年になりそう。

2022年の運命の日

8月28日

スムーズに物事が運ぶ日。面倒な事はこの日に解決！

【ガラガラヘビの有名人】
江口洋介、佐野勇斗、上野樹里

白蛇

えと村住民ナンバー**18**

違いのわかる

特筆すべき生態

いつもクールで美的センス抜群

肉体労働は苦手

時々、天才的なアイデアを思いつく

COOL
力仕事は遠慮するよ…

【白蛇】白化現象を起こしたヘビ。縁起のいい動物とされる。

このアニマルの生態

上品で落ち着いた雰囲気を漂わせる白蛇の部長。 美意識が非常に高く、精神的にも肉体的にもとっても繊細で、肉体労働はまるでダメ。なにがなんでも自分がやる！というギラギラしたところが全くない、とってもクールな性格です。また、本物志向が強く、物値段や口コミに惑わされずに、物の価値を見極める審美眼を持っています。古来より神の使いと言われているアニマルだけあって、時々、「神様からのお告げ!?」としか思えないような、天才的な思いつきをし、周囲を驚かせることも。

美意識
背中曲がってるぞ！
ピーン

白蛇さんと仲良くなれるセリフ

「そう考えてると思った！」

いつも「同志」を求めているので気持ちを察してもらえるとキュン。

夢を叶える方法

「ここぞというときは自分だけじゃなく周りの人のためにもプライドを捨てて！」

物事の本質を見抜く力があるので、恋や仕事などで問題が起きた場合、その解決方法をさらっと思いついてしまうことが多いかもしれません。ただ、白蛇さん自身がそれを実行するかどうかは、また別の話。もしそのアイデアが自分の美学に反することだったり、周りが傷つくことだったりしたら、自分の心の中だけに留めておいてしまうでしょう。まさにクールな白蛇さんらしい行動なのですが、その思いつきは、自分だけでなく他の人の夢まで叶える「お告げ」かもしれないですよ？ ここが人生の分かれ目という時には、とプライドを捨てて我を通した方が皆の幸せにつながることも。

夢を叶える決めゼリフ

ここはひとつ私の案をみなさんに聞いていただきたい

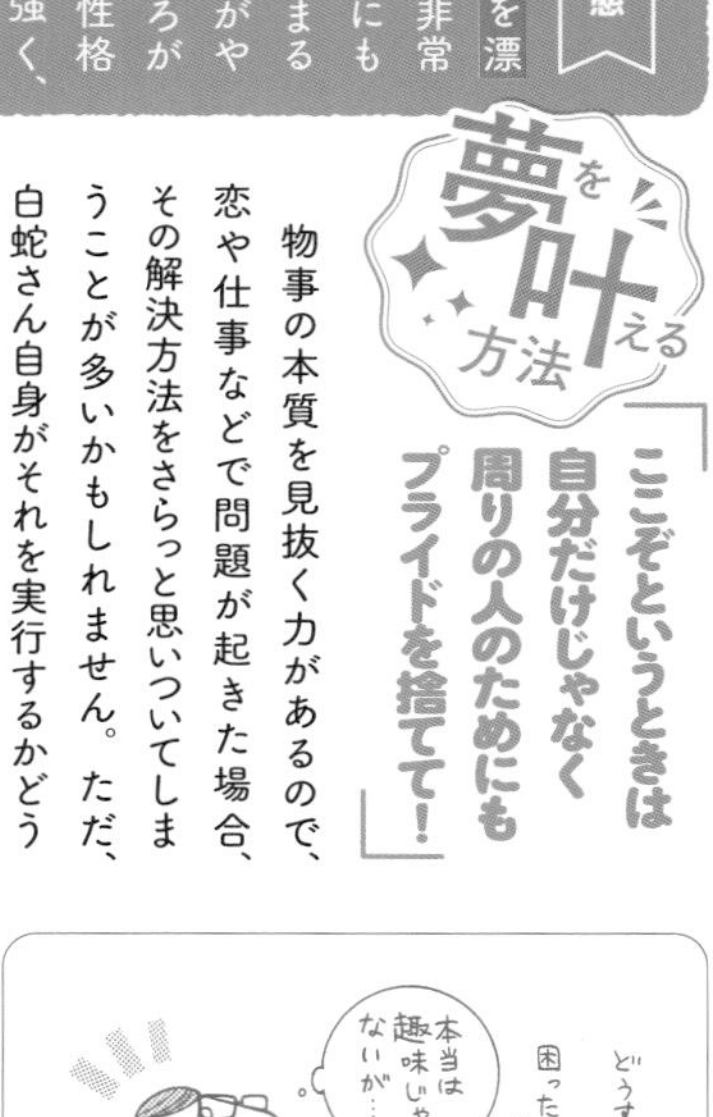

本当は趣味じゃないが…
こんな案はどうだろう!?
困った…
どうする？

ポリシーに反した「思いつき」だったとしても、その意見は誰かを救うかもしれません。

2022年の運勢

ただでさえセンシティブな心がさらに研ぎ澄まされる年です。自由な発想ができるようになるのでクリエイティブなことをするのに向いています。ただ、感性が尖る分、人のアラにばかり目がいくようになり、対人運は低下。心地よい距離感を探しながら過ごしましょう。

2022年の運命の日

2月3日

この日までは運気が安定。やるべきことはここまでに。

【白蛇の有名人】
中居正広、相葉雅紀、兼近大樹

えと村住民ナンバー
30
キャリアウーマンな
ニシキヘビ

ファッションリーダー

特筆すべき生態

ミッションは必ずやりとげる完璧主義者

洋服などの美的センス抜群

組織の中で必ずのし上がるタイプ

【ニシキヘビ】森林に棲む大型のヘビ。美しい斑模様を持つ。

このアニマルの生態

オフィスのおしゃれ番長なニシキヘビ。センス抜群で、ファッションリーダーとして憧れられる存在です。恋もそれ以外も、一度くらいついたら絶対に放さない、とってもしぶとい性格。ターゲットを見定めたら、じっくりゆっくり締め上げるように物事を進め、時間はかかったとしても最後には必ず自分のものにします。その狩りのスタイルはまさに完璧主義。集中力も並外れています。また、交友関係に恵まれる運気もあり、あまり苦労することなく、組織の中でのぼりつめることができます。

おしゃれスナップ
★通勤でも気を抜かないのが私の流儀!
ニシキヘビさん(ﾛﾛ)

ニシキヘビさんと
仲良くなれるセリフ

「悪いやつよのう～」

見た目よりも、
一癖ある性格を認められると
嬉しいようです。

夢を叶える方法

「周りの人と一緒に上がっていく感覚が自分自身を成長させる!」

人から評価されたり、憧れられたりすることが前に進む一番の原動力。一人で何かを成し遂げるというよりは、集団の中にいた方が能力を発揮できるタイプです。恋のハンティングも、ソロで行うよりは、数人でのチーム戦の方が勝率は高いはずです(きっと合コンは得意)。人と関わる方が運気は上がりますが、打算的な付き合いや、利用するだけの関係に身を置き続けると、知らない間に心がすさんでしまい、「私の本当にやりたかったことって何だっけ」と人生の迷子状態になることも。

夢を叶える決めゼリフ

みんな一緒にアゲていこう!

という精神で、自分も、周りも幸せになれることを常に考える方が、良い結果を招くことができます。

お――!!
みんなで幸せになるわよっ

たくさんの人とWIN－WINの関係を築くことができれば、成功をぐっと引き寄せられます。

2022年の運勢

周囲の人を大切にするあなたなのに、2022年は、人間関係がぎくしゃくする暗示があります。他人のせいでトラブルに巻き込まれることも。友人はよく選ぶこと。特に2月は要注意。もし何か重要なことを実行するなら、このダークな運気が一時的に去る8～9月に。体調にも注意して。

2022年の運命の日

8月11日

ここから10月までは運気安定。
何か始めるならこの日から。

【ニシキヘビの有名人】
窪田正孝、浅田真央、佐藤栞里

えと村住民ナンバー

42

SEXYな

コブラ

魅了
くね
くね

特筆すべき生態

フェロモンむんむんなモテ体質

芸能の才能あり

海外で活躍する可能性も

【コブラ】強力な毒を持つヘビ。鎌首をもたげた姿が有名。

このアニマルの生態

「オフィスの恋人」と呼ばれるコブラ。隠しきれない色気を常に漂わせている、いわゆる「フェロモン系」。何をしているわけでもないのに、異性から（時には同性からも！）恋を告げられる、天性のモテキャラです。だから、当然、ちょっとしたことで恋愛でのトラブルに見まわれがちかも。誰からも愛される人気運があり、その上にサービス精神旺盛。芸能の才能があり、俳優・モデル・ダンサーなどとして、たくさんの人を魅了する仕事が天職です。世界を股にかけた活躍をすることも。

?
色気

コブラさんと仲良くなれるセリフ

「わりと嫌いじゃない」

ストレートな物言いよりはちょっとひねくれ系の方が興味をもたれるかも!?

夢を叶える方法

「好かれようと誰彼構わずいい顔をするとかえって運気低下!?」

コブラさんの夢の実現は当然、その「人を引きつける力」をうまく使いこなせるかどうかにかかっています。ただ、大きすぎる人気運は薬にもなれば毒にもなります。人の援助を得やすい一方で、嫉妬の対象になって足を引っ張られたり、恋のトラブルが原因で全てが台無しになったり…扱いが難しいのは確か。でも、トラブルに陥る最大の原因は、コブラさんの八方美人な態度だったりするのです。どっちにもいい顔をしてしまうと、最後には両方からの反感を買う結果に。

夢を叶える決めゼリフ

私よりいいヘビが必ずいるわ

と、ここぞという時こそ、相容れない人とはきっぱりと別れを。ナチュラルボーンなサービス精神を時には封印することも大切です。

ごめんなさい
私のことは諦めて…
封印!
ウッフン

八方美人は、時に大きなトラブルに。大事なときほど過剰なサービス精神は封印。

2022年の運勢

ここ数年、絶好調だった運気が急降下します。今まではこれで成功してきたのに…なんで!?と戸惑うことが多いので、従来のペースで物事を進めるのはとても危険。未来を見据えて新しいことをするより、過去を振り返り、一旦初心に戻ることが大切な時です。

2022年の運命の日

9月5日

8月からこの日までが運気好調。重要なことはこの日に照準を。

【コブラの有名人】
田中圭、渡辺直美、Matt、神宮寺勇太

えと村住民ナンバー

54

気の多い ハブ

いいこと思いついた!!
ごみ箱

特筆すべき生態

人とは目の付けどころが違うアイデアマン

1つのことへの集中力は低め

恋愛は波乱万丈!?

【ハブ】日本の南西諸島に生息するヘビ。強力な毒を持つ。

このアニマルの生態

人当たりのいいハブの営業マン。

飛び込み営業が得意な図太いタイプのようで、心根は意外とピュアで繊細。人が普通は目をつけないところに注目できたり、気配りができたりします。天性のアイデアマンで、頭の回転は速め。ずばぬけた発想力を持ちますが、常に頭の中に色々なアイデアが浮かんできてしまい、しかもそれを手当たり次第に実行してしまうので収拾がつかなくなることもしばしば。その気が多い性分が恋愛でも出てきてしまうと、大トラブルを起こしかねないので注意。

あの人変わった所にホクロが…!
目のつけどころ独特!!

ハブさんと仲良くなれるセリフ

「…やさしいんですね」

アイデア豊富なところじゃなく心根の部分を認めてほしいタイプです。

夢を叶える方法

「思いついた様々な選択肢を払いのけて初志貫徹できるかどうかが成功の鍵!」

一つのことを始めても「違うやり方があるかも?」「他をやった方がいいかも?」と、気が散りやすい性格です（恋も目移りしやすいので浮気心に注意）。色んな視点から物事を見ることができるという長所でもあるのですが、あれもこれもと選択肢を広げてしまうと、一つ一つを深められず、自分を本当の意味で成長させられません。ここ一番の時は、これだと決めたことがあるなら「違う方がいいんじゃない?」「違うやり方もあるよ?」なんていう次々浮かんでくる邪念を、

夢を叶える決めゼリフ

喝!

と払いのけましょう。一つのことに専念した方が、時間はかかったとしても、確実に大きな成功を手にすることができるでしょう。

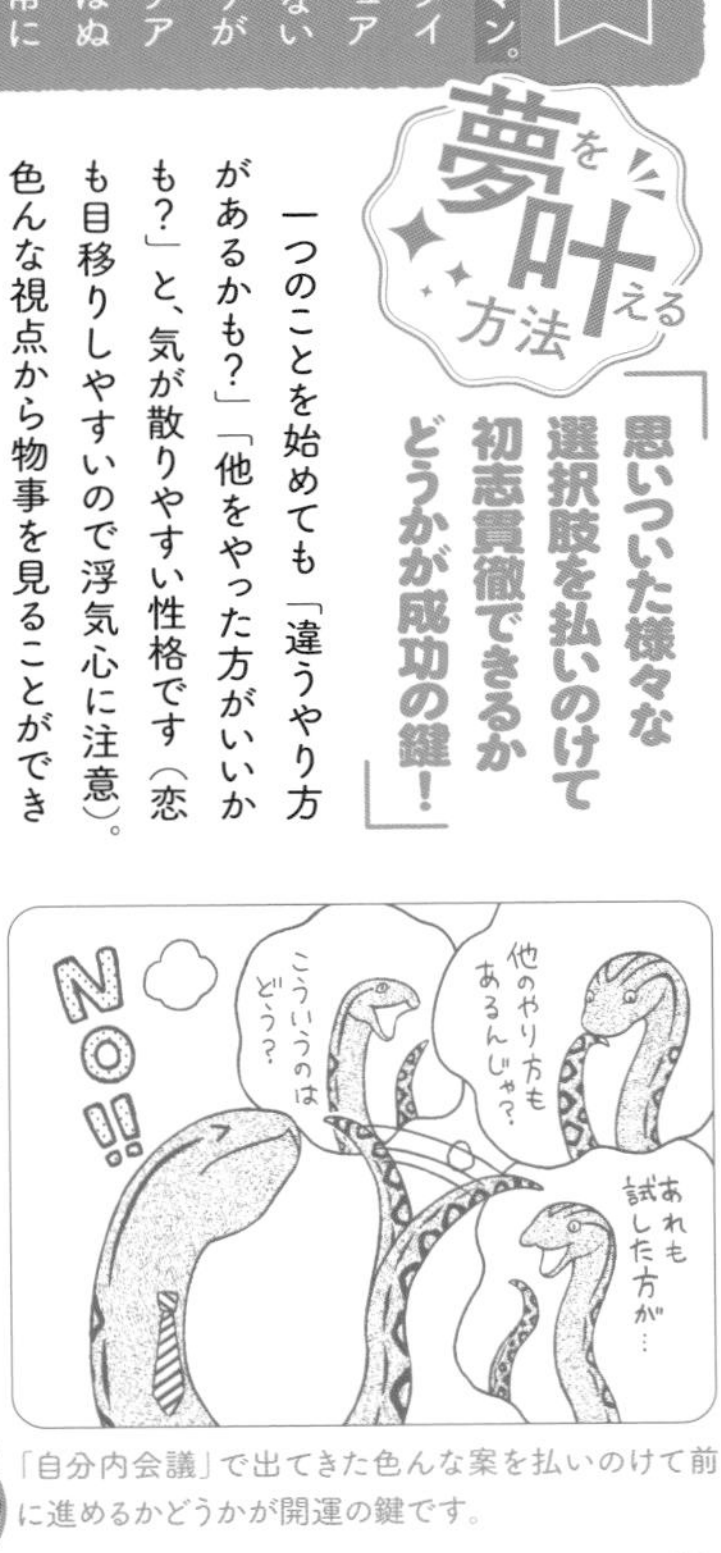

他のやり方もあるんじゃ?
こういうのはどう?
NO!!
あれも試した方が…

「自分内会議」で出てきた色んな案を払いのけて前に進めるかどうかが開運の鍵です。

2022年の運勢

予想外のことが起きやすい天中殺が去り、運気的には上向きますが、まだまだアイドリング状態。本当にやりたいことができるのは2023年になりそう。2022年は、ハブさんの中に眠る真面目で一途な心が刺激される年でもあるので、ゆっくり体調と生活を整えていけば、周囲の評価も上がります。

2022年の運命の日

9月16日

モテ日。出会いはありますが本格的なおつきあいは来年からかも。

【ハブの有名人】

堤真一、新田真剣佑、白濱亜嵐

夢が叶うのはいつ!?

2032年までの各アニマルの運気グラフです。
夢に向かって動き出すタイミングは、いつ!?

ヘビオフィスの住民の 10年運勢グラフ

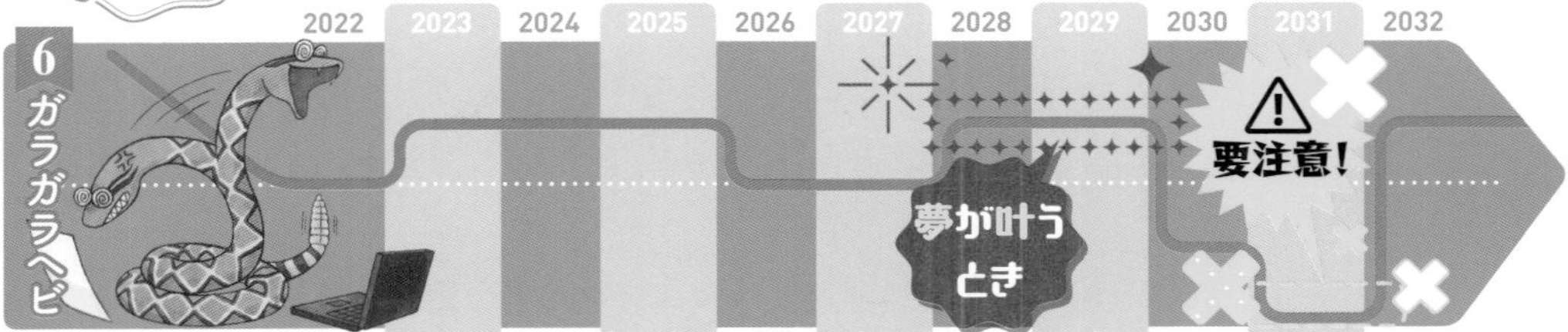

2030～2031年の運気の落ち込みを除けば、高い運気が続く10年。特に出会いが多いのは2029年でしょう。

2024年から長い幸運期に入ります。自分の夢を叶えるために種まきから収穫までロングスパンで考えましょう。

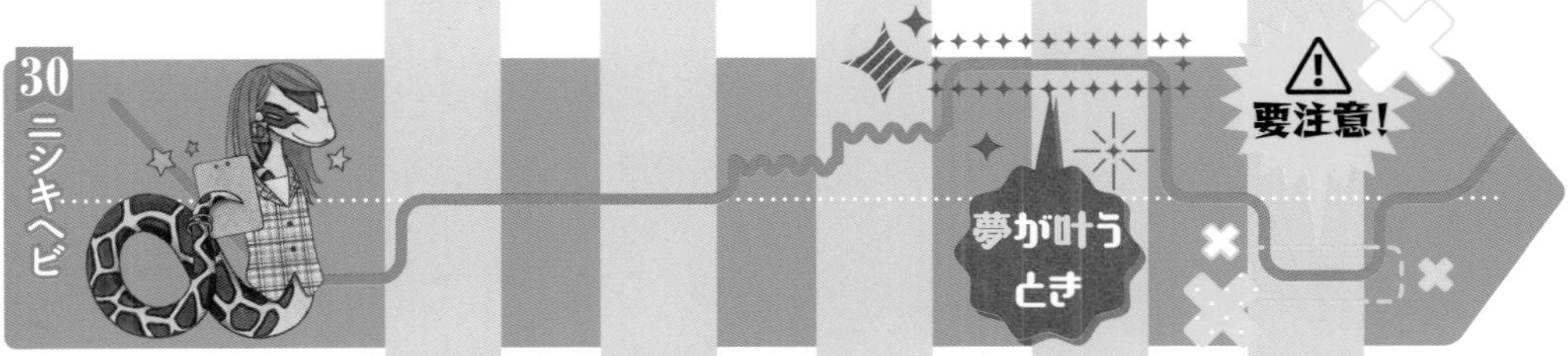

2026年から運気は上向きますが、本格的な幸運の波が訪れるのは、2028年になってからでしょう。

激動の10年になります。2025年は大きな決断をしそう。2031年には何かを失う暗示。それまでに行動を。

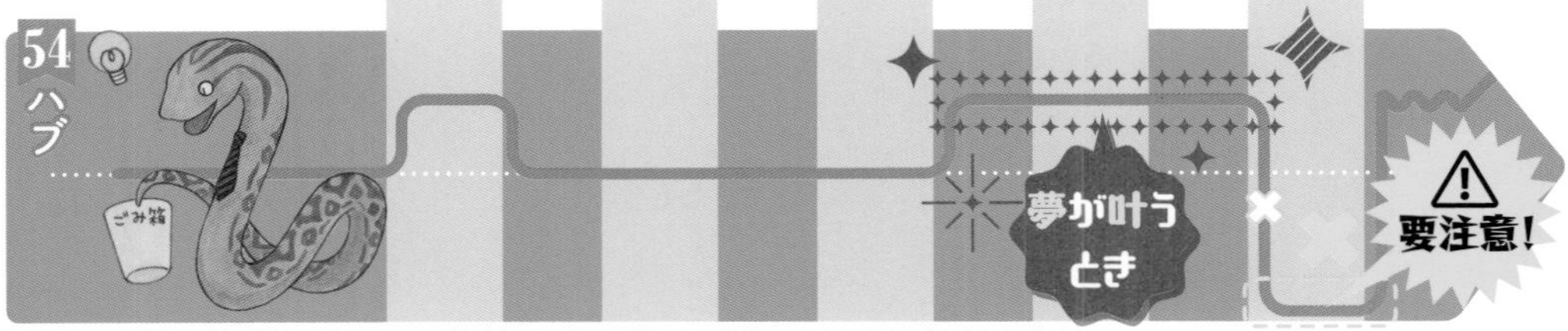

2028年から幸運の波が訪れますが、ここで始めたことは2031年で一旦リセットされてしまうかもしれません。

何よりも自由を愛する楽天的な人生の旅人たち

ウマ駅の住民たち

「人生は旅だ」が信条の行動派な住民が行き交う駅。陽気な雰囲気をまとい、ここから自由に世界を駆け回る住民の皆さんをご紹介しましょう。

お別れなんて寂しい…
足元お気をつけくださーい
ドドド
ドドド
お荷物これだけですか？
左手に見えますのが～…

7 寂しがり屋なユニコーン <<< p.058

31 人情味あふれるポニー <<< p.060

19 勝負強いサラブレッド <<< p.059

43 働き者のロバ <<< p.061

55 リーダーシップのあるシマウマ <<< p.062

ウマ駅のスローガン

ノリがよければ全てよし

午

基本的な生態

人に指図されるのが大嫌いな気分屋！陽気な笑顔の裏側に深淵なる闇が!?

陽気で楽天的。さっぱりした性格で何よりも自由を愛する心を持っています。独立心が強く、人に従うことが嫌いな「ジャジャ馬」。しかも、見栄っ張りで相当な気分屋です。ともすると嫌われそうなものですが、あけっぴろげでお腹の中には何もない正直さがあるため、人に憎まれない人気者。陽キャを絵に描いたような生態です！……と周りには見えていますがそうは単純じゃありません。隠しているだけで意外と根暗です。思いを複雑に交錯させているのに、結局はその場の勢いで行動してしまうので「ノリのいい人」に見えているだけ。ただ、類まれなる瞬発力があるだけに、出たとこ勝負の行動の方が上手くいくのも事実。悩みすぎないのが人生のテーマです。

恋愛の習性

恋も軽やか!! 来るもの拒まず去る者追わずな恋多き人生!?

ノリと勢いが大事なここの住民さんにとって恋は「楽しむもの」。集中力が高く、一つのことを一途に突き詰めるタイプなのですが、こと恋愛に関しては別。多くの出会いを楽しむような習性があります。だから当然、一つ一つの恋は軽く、あまり長続きしないことが多いでしょう。友人と恋人の境界線も曖昧で、浮気も浮気と思わずにサラッとしてしまったりします。自由を愛する習性があるので、束縛はしない、させない。相手から干渉されると、瞬時に逃走します。人に合わせることは絶対にしないので、自分に合わせてくれる人を探すのが恋人選びの第一歩です。依存した関係も苦手なので、相手も一人で生きていける人じゃないと、上手くいきません。

相性の生態系

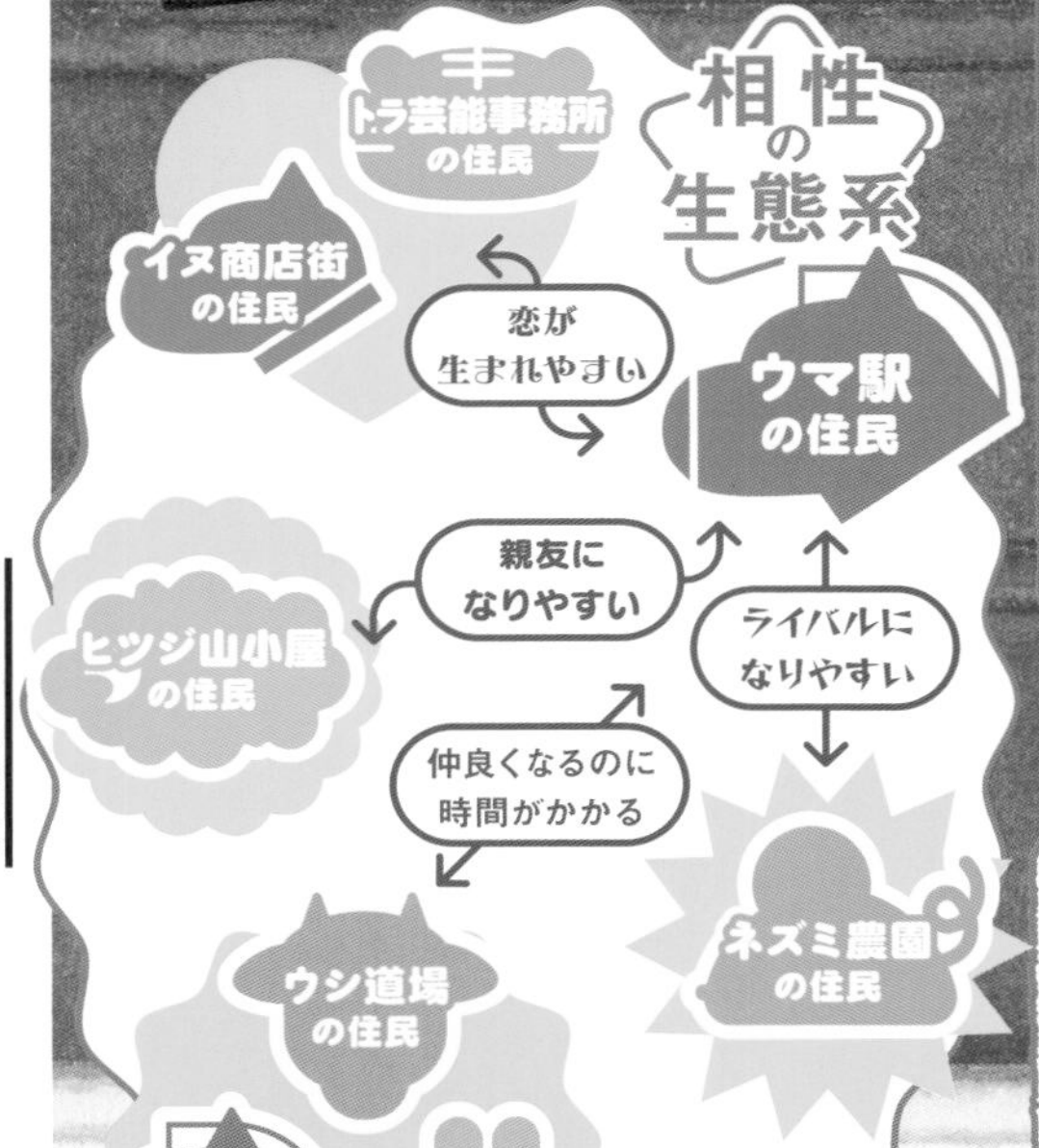

UMA STATION

2022年からの運勢

2020年から始まった変化やトラブルの多い2年間を抜け、2022年からやっと運気が回復！ここで行動すれば、きっとこの変化やトラブルを経験してよかった！と思えるはず。

さらに詳しくはこちら!!
10年運勢グラフ 〈〈〈p.063
あなたに起こる!? キュン♥エピソードまんが 〈〈〈p.143

えと村住民ナンバー 7

寂しがり屋な ユニコーン

見てくださいこれっ
これ知ってます!?

特筆すべき生態

生まれながらの「かまってちゃん」

ムードメーカー的な存在

実は意外と男気あふれるタイプ

【ユニコーン】額に角を持つ馬の姿をした想像上の生き物。

このアニマルの生態

かまってもらえないと泣いちゃうユニコーンのお嬢様。夢見がちな性格で、「超」が付くほどの寂しがり屋。しかし、「かまってちゃん」というと聞こえは悪いですが、人と交流を持つために、たくさんの情報を集めて話題を振りまく努力をするので、ムードメーカーとして集団の中では貴重な存在です。か弱いように見えて、いざとなったらその角で敵と戦うことも辞さない勇敢な一面も持っています。はかなげなイメージに反して、意外と負けず嫌いで男勝りなところがオモテに出てくることも。

興味を引きたい!
ねぇ見てっ
見て見てコレっ

夢を叶える方法

「あえて困難な場所に自分を追い込めば追い込むほど才能が大きく花開く!」

その優しい物腰からはあまり想像できませんが、置かれた場所が逆境にあればあるほど、

夢を叶える決めゼリフ

負けませんわよ!

と激しく燃えるタイプです。情報通で、新しく革新的なものが好きなので、何かを立ち上げたり、変革を要するところにいた方が実力を発揮できるでしょう。一方で、あまり変化のない平和な場所に身を置くと、途端にトラブルメーカーに変貌します。人の意見はほとんど聞かない強情さが悪い方向へ働いてしまうからです。できるだけ変化の大きい環境を選んだ方が、夢を大きく引き寄せられます。ただ恋の場面では、駆け引き中は生き生きしますが、いざ手に入れてしまうと熱が冷めがちなので注意。

私が建て直してみせますわー!
ボロ…
駅弁

個性を最大限に生かすには、無謀と思えるくらいの困難なことにチャレンジを!

ユニコーンさんと仲良くなれるセリフ

「私あの人の噂、知ってますよ」

好奇心をくすぐるような一言で落ちちゃうかもしれません。

2022年の運勢

強烈なモテ運がやってきます。告白をされることがあるかもしれないし、願っていた恋が成就することも。ただ、心が少し開放的になるときでもあるので、複数の恋が同時進行する可能性も。自分では決断できない年なので、恋愛トラブルには十分に気をつけて。

2022年の運命の日

6月20日

モテ運がMAXになる日。恋に関することならほぼ無敵。

【ユニコーンの有名人】
永山瑛太、仲間由紀恵、千原ジュニア

えと村住民ナンバー

19 サラブレッド

勝負強い

DASH!!

特筆すべき生態

思い立ったら全力疾走!!
人生の短距離ランナー

ただし
持久力は皆無

直感がとても鋭い

【サラブレッド】イギリスで誕生した競走馬。レースで活躍。

このアニマルの生態

全力疾走するために生まれたサラブレッドのスプリンター。ゲートが開いた瞬間、わき目も振らずゴールへ駆け抜けるがごとく、思い立ったらすぐにやらずにはおれないタイプです。一見、クールな見た目で、落ち着いているように見えますが、そこは競走馬。その内面では激しい負けん気が渦巻き、一発逆転を狙う「勝負師」のような一面を持っています。直感力に優れ、あれこれ思いついて、それを次々に実行するバイタリティと集中力があります。ただし、持続力はなく、飽き性な面も。

思いついた
ダッ

夢を叶える方法

「時間をかけての準備よりも瞬発力での勝負が成功確率高い!?」

サラブレッドさんはアニマル界を代表する「短距離ランナー」。目標は近くにあればあるほど力が発揮できるタイプです。仮に目標を遠い未来に設定したとしても、結局その存在すら忘れてしまいます。また、霊感?と思われるくらいの直感力があるので、考え抜いた方法よりも、その場で思いついたことの方が優れている場合が多いのです。そう、こそ、サラブレッドさんの真の実力が発揮できる秘訣なのです。目標に向かって地道に準備を重ねるというよりは、その場のノリで勝負した方が意外と上手くいったりします。ゴールを目の前に定め、一瞬の勝負に身を捧げている瞬間が一番輝くのです。

夢を叶える決めゼリフ

出たとこ勝負!

一か八か!
勝負!!

準備万端にして飛び出すよりも、実は成り行きに任せちゃった方が上手くいくことが多いかも。

サラブレッドさんと
仲良くなれるセリフ

「好きにやりなよ」

無責任なようですが、
自由を愛するサラブレッドさんには
これが一番効果的。

2022年の運勢

自分の居場所を見直す年になりそうです。もし、現状に不満があるなら、躊躇なく飛び出してしまうかもしれません。2022年は何かを始めることに大きな後押しのある運気でもあります。自立心を大切に、信じる道を行けば、新しい生活のいいスタートを切れそうです。

2022年の運命の日

10月21日

8〜9月は不安定。
何か始めるならこの日を目標に。

【サラブレッドの有名人】
松嶋菜々子、坂口健太郎、染谷将太

えと村住民ナンバー

31 ポニー

人情味あふれる

なにかお困りですか？
お手伝いしましょうか？

特筆すべき生態

理想に近づくためにストイックに努力

この人と決めた相手にはとことん尽くす

意外に打たれ弱い

【ポニー】高さが147cm以下の馬。頭がよく、温厚な性格を持つ。

このアニマルの生態

献身的な仕事ぶりが評判のポニーの車掌さん。ピュアで人に優しく、この人と決めた相手にはこれ以上ないくらい尽くすタイプです。見た目も、その行動も、かわいく穏やかに見えますが、見えないところで意外とストイック。個性的でスタイリッシュな理想の自分に近づきたい！と日々、自分を磨き続ける高い意識を持っています。そのため、自分にも他人にも厳しい一面も。筋が通らない出来事や、自分の美学に反する人に遭遇すると態度が一変。ヒヒンッ!! と蹴り飛ばす激しさを見せます。

せっ
せっ
目標!!

ポニーさんと仲良くなれるセリフ

「おしゃれですね！」

意外と見た目を気にするタイプなので、ファッションを誉めるのもあり。

夢を叶える方法

「自分の弱さをさらけ出せるほどの心の余裕が成功への近道！」

向上心が強く、努力をする才能があるタイプです。誰に言われるでもなく自分を磨き、常に能力を高め続けます。どんな大きな夢を持ったとしても、時間はかかるかもしれないですが、着実にそこへ到達できる力を秘めているのです。こんな「大器」な風格を持つポニーさんですが、唯一の弱点は挫折に弱いこと。真っ直ぐな性格ゆえに、急な方向転換が大の苦手。心がぽっきり折れてしまうと立ち直るのに時間がかかります。また、意外と見栄っ張りなので、ダメな時ほど人に助けを求めることができません。失敗した時には、

夢を叶える決めゼリフ

てへっ やっちゃった☆

と、たまには人に甘えるくらいの方がその器を広げることができます。

失敗しちゃって…
ドンマイ！

弱みを見せないことが「出来る証」じゃないですよ。人に頼ったからこそ分かることも！

2022年の運勢

新しい習い事を始めたり、行動範囲を広げるとよい年です。これからの自分には何が必要なのかを考えて、今までやったことがないものにチャレンジしましょう。すぐに結果はでないかもしれないですが、着実に自身の成長につながる何らかの発見があるはずです。

2022年の運命の日

10月12日

面白いものを引き寄せる日。
新たな人やものとの出会いに期待。

【ポニーの有名人】
野村萬斎、柄本佑、ローラ、生駒里奈

えと村住民ナンバー

43 ロバ

働き者のロバ

君はあっちを頼むよ!

特筆すべき生態

信じられないほどのパワーと熱量を秘めている

周りはちょっと暑苦しい

苦労することで運がのびる

【ロバ】ウマ科の中では小さい種類だが力が強く頭もいい。

このアニマルの生態

ありえないほどの荷物を、こともなげに運ぶロバのポーター。

強烈なパワーと忍耐力を持つ、働き者ナンバーワンなアニマルです。とても情熱的でパワフルな生き方をしますが、それと同じくらいの熱量を周りにも求めてしまうので、ややハタ迷惑。ロバさんは、単独で動くことはめったにありません。大勢のキャラバンを組んで行動することがほとんどで、必然的に他人との摩擦も多いはず。…なのですが、その確執すらも、自分の糧にして伸びていくことができる強靭な精神を持っています。

君はそっちの荷物をよろしく!
無理……
軽々

ロバさんと仲良くなれるセリフ

「あそこもう少しこうした方が…」

お世辞は嫌い。具体的な意見の方がロバさんの心を動かします。

夢を叶える方法

「より高くより困難な目標がイキイキとした人生を送るのに必須!?」

夢を叶える決めゼリフ

逆境が人生を面白くする

…と、ロバさんはナチュラルに思っているはずです。困難な場面ほど自分は生き生きする…というのを本能的に分かっていて、普通のアニマルなら避けるような険しい道をあえて突き進むようなところがあります。そう、険しい道を歩めば歩むほど、苦労すればするほど、人格に深みが出て、運がひらけてくるような人生を歩むのです。だから、ロバさんにとって、夢は「目標」ではなくて、そこへ向かう自分を輝かせるための「手段」なのかも。すぐに達成できるものではなく、なるべく遠くにあって、容易に手が届かないような目標を持つことが、常に人生を輝かせていられるコツかもしれません。

道は険しいぞ…!
イキイキ
目標

相当なMっ気があるロバさんにとって、険しい道は、かえって「ご褒美」!?

2022年の運勢

チャレンジと勝負の運気の大きな波が来ています。ただ、天中殺も同時に巡ってきて、自分でコントロールできないことも多いので、我を張らないで。長く続けたいことよりは、この数年のうちに短く走り抜けられることを優先して実行した方がいいでしょう。

2022年の運命の日

7月8日

人との関係が上手くいく日。仲直りはここで。

【ロバの有名人】

又吉直樹、星野源、今田美桜

えと村住民ナンバー

55 シマウマ

リーダーシップのある

特筆すべき生態

先頭に立って人を動かすことが得意

その言葉にカリスマ性

超受け身体質で機敏さはゼロ

【シマウマ】白黒の縞模様を持つウマの仲間。群れで生活する。

皆さんついて来てますねー！

このアニマルの生態

「右手中央に見えますのがライオン、ライオンでございます。こちらへお逃げくださぁい」と仲間を率いてサバンナを行く敏腕添乗員のシマウマ。ツアーコンダクターのように、人を束ねて動かすのが上手です。また、発言になぜか根拠のない自信があり、その指し示す方向へ進めば助かりそう！と思わせるカリスマ性を持っています。知的で冷静。超受け身体質で機敏な動きが苦手…という、ウマらしからぬ性格。しかし、決断力は強く、一旦決めたら物事を一気に進める凄まじい馬力があります。

みなさ〜ん
こちらです
よ——！
ゾロ ゾロ

シマウマさんと仲良くなれるセリフ

「そのアイデア、いただきます」

独自の考え方を持つのでそれを認められるのが嬉しい！

夢を叶える方法

「無理矢理にでも自分を動かしてくれる人の傍にいましょう」

たくさんの人を巻き込んで、大きなことを成し遂げられる力を備えたシマウマさんですが、あまり自分から動き出せないのが玉にキズ。根っからの「誘いウケ」体質なのです。人から請われると「しょうがないなぁ」と気だるげに動き出したかと思いきや、誰にも負けないほどのパフォーマンスを発揮して周りをびっくりさせる、というのがシマウマさんの常套手段。見かけによらず超神経質で超優柔不断なので、誰かに背中を押してもらわないことには、考えすぎて動き出せません。

だから、無言の…

夢を叶える決めゼリフ

（背中をおしてください）

というサインに気づいてくれる人を傍に置くこと。これが大きく夢を引き寄せる鍵になります。

私にできるかしら…
チラッ
できるできる！
ドンッ

シマウマさんのことを分かっていて、どんどん背中を押してくれる人を大切に。

2022年の運勢

低迷気味だった運気が、2022年に入ると急に勢いよく流れ出します。人やものとの楽しい出会いも多くて、あれもこれもと手を出してしまいがちですが、その中から、これから先につながるものに育つはずです。少し欲ばってもOKなので色々な可能性を試しましょう。

2022年の運命の日

2月26日

魅力が高まるので、告白されるかもしれない日。

【シマウマの有名人】
高畑充希、波瑠、吉沢亮

夢が叶うのはいつ!?

2032年までの各アニマルの運気グラフです。
夢に向かって動き出すタイミングは、いつ!?

ウマ駅の住民の

10年運勢グラフ

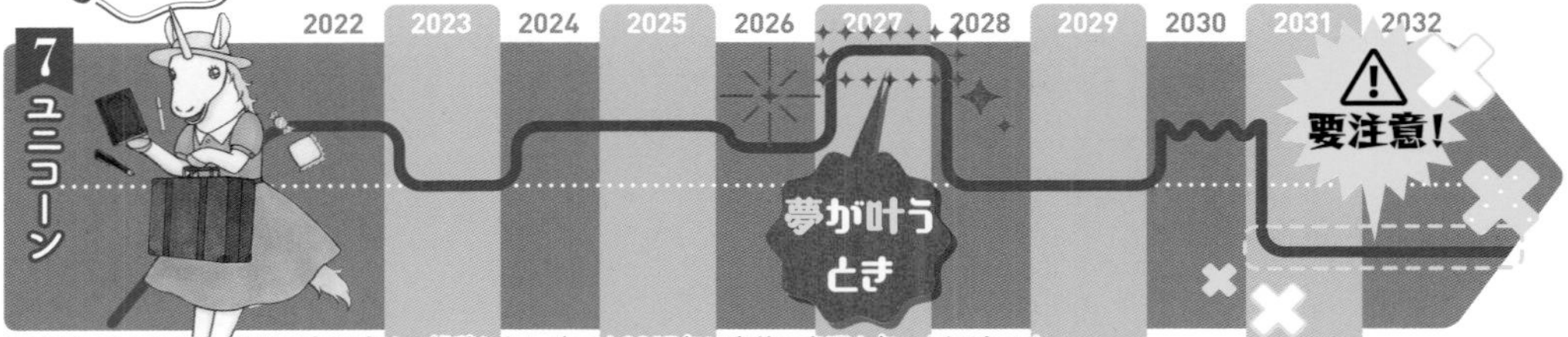

10年間のうち前半は、終始運気は高めで推移します。中でも2027年は空前の幸運な年になりそうです。

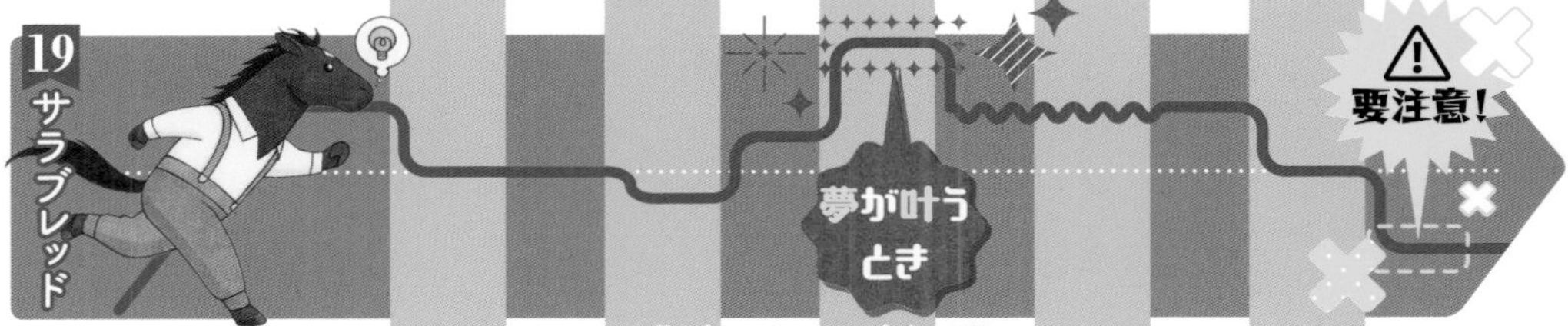

2027年に最大の幸運期がやってくるのでそこをに照準を。その後も高い運気は2030年まで継続。

2024～2025年は突発的なトラブルに注意。その後、運気はぐんぐん上がり2030年に最高潮に。

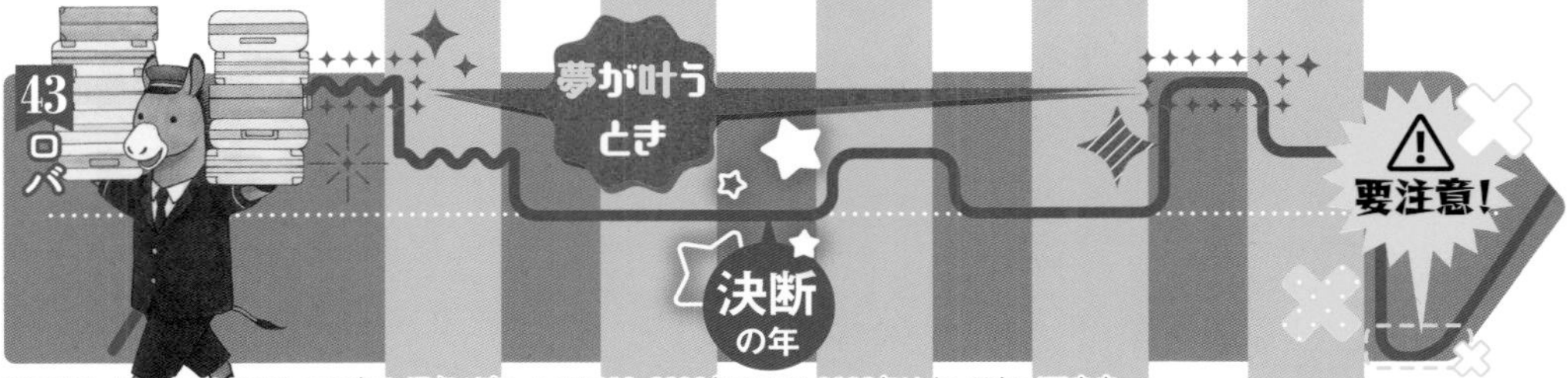

2026年に何か大きな決断をする暗示。運気が高いのは2022・2030年ですが、2022年は少し運気が不安定。

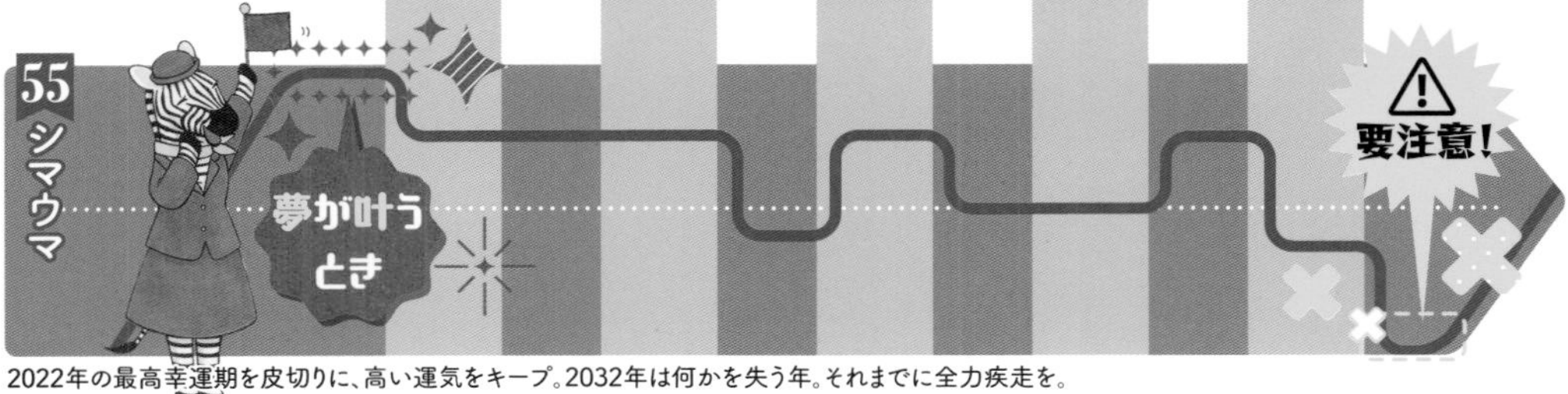

2022年の最高幸運期を皮切りに、高い運気をキープ。2032年は何かを失う年。それまでに全力疾走を。

笑顔の裏側で策を練る!? ほんわかムードのアルピニスト!

ヒツジ山小屋の住民たち

人情味あふれる温かさで登山者を迎える山小屋。一見、モフモフでやわらかムード漂うアニマルが住んでいますが実は意外と野心家ぞろい…!?

HITSUJI MOUNTAIN HUT

32 もくもくと歩む リャマ

<<< p.068

もくもく…
もくもく…

8 面倒見のいい ヒツジ

<<< p.066

ケガ人はいませんか〜
救急箱

20 名人の風格漂う 黒ヤギ

<<< p.067

負けたくないっ!!

56 人々を導く ヤク

<<< p.070

迷える子羊たちよ…

44 毒舌な アルパカ

<<< p.069

ヒツジ山小屋のスローガン

能あるヒツジは情熱を隠す

未

基本的な生態

モフモフな見た目にダマされる人続出!! 実は世渡り上手な静かなる戦略家!!

ほんわかした雰囲気をまとっていることが多く、人情味のある温かさが特徴です。人を押しのけてまで、前に出るようなことはしないので、結構控え目なのかなと思いきや、そんなことは全くありません。驚くほどの負けず嫌いで、意外と短気。頭に血が上ると、周りがびっくりするような短絡的な行動をとってしまう一面も。おっとりとした雰囲気にみんなダマされがちですが、笑顔の奥で実はテキパキ計算。最終的には自分が得になるような立ち位置をしっかり陣取るという、なかなかの世渡り上手です。集団生活が得意で、誰とでも仲良くしているように見えますが、本当に心を打ち明けられる人は少なかったりします。本当の自分を知る人は大切に。

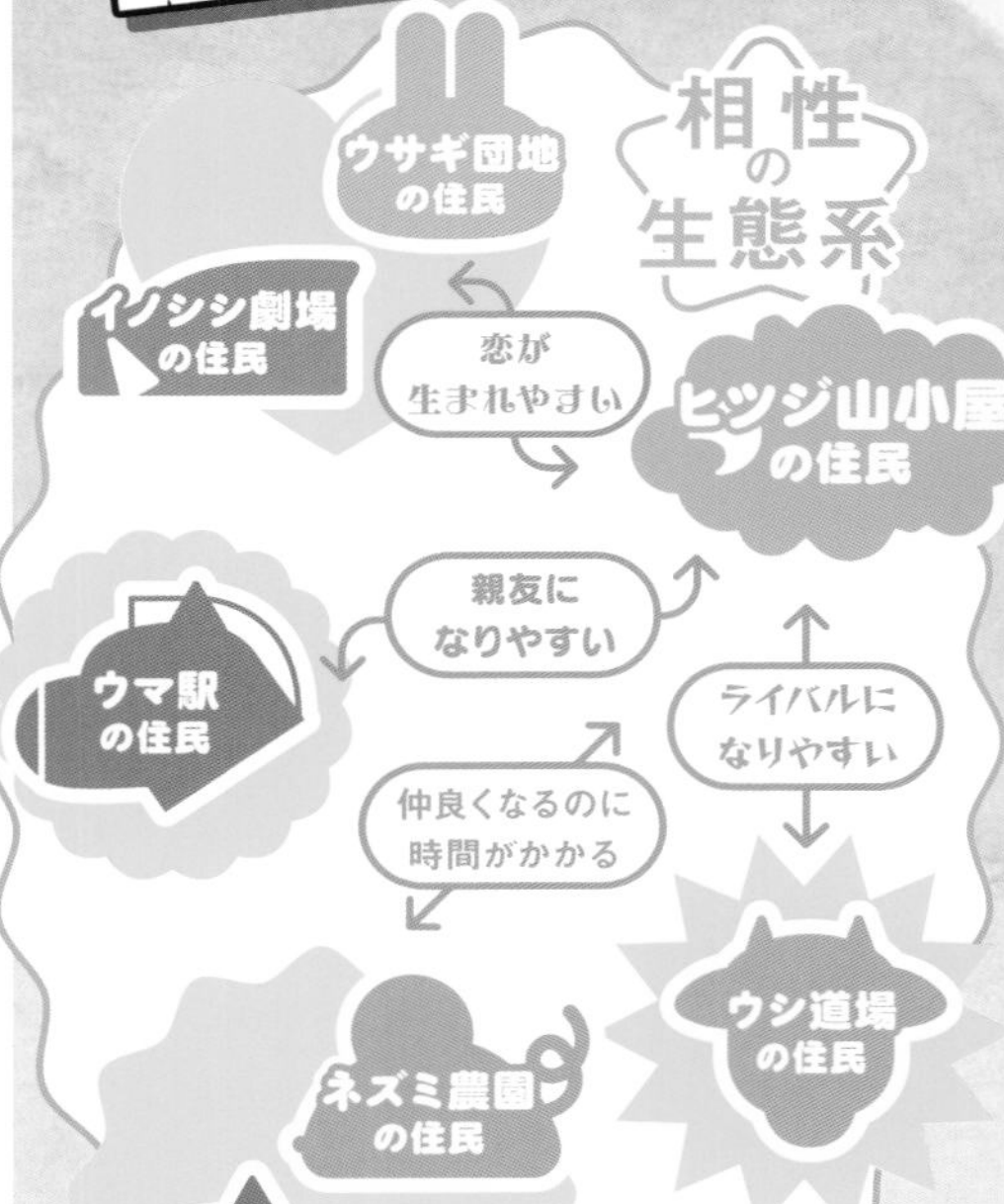

恋愛の習性

依存関係がないと安心できない!? 束縛しちゃう微ヤンデレ!?

相当な寂しがり屋です。登山家が山小屋を拠点とするように、どこかに「ホーム」的な場所や人間関係を持とうとする習性があります。恋も、お互いに自立した大人な関係は望みません。いつでも会えて、いつでも愛を確かめ合えるような関係を求めます。相手から頼られたり、逆にこっちから頼ったりするような、少々依存の関係にならないと安心できない、ちょっとヤンデレな面もあります。また、傷つくことを極端に恐れる傾向があるので、たとえ好きな人がいたとしても、なかなか自分からは一歩踏み出せません。また、お付き合いしている相手とは、愛が冷めてしまっても、自分からは別れを告げられず、ズルズルと関係を続けてしまうことも。

2022年からの運勢

変化やトラブルの多い2年間を抜け、2022年には、やっと平常運転に。ただしここで焦って動くと失敗します。2023年に最高の運気がやってくるので、何か動き出すなら少し待った方が確実。

さらに詳しくはこちら!!
10年運勢グラフ <<<p.071
あなたに起こる!? キュン♥エピソードまんが <<<p.149

えと村住民ナンバー

8

ヒツジ

面倒見のいい

あっ ケガしてる!
小人さんに治してもらいましょ!
救急箱

特筆すべき生態

やさしい性格で人の世話をすることが多い

嘘がつけない正直者

独特の感性を持つ「変人」!?

【ヒツジ】古来より主に羊毛のために家畜化されている生き物。

このアニマルの生態

モフモフの雰囲気で人を癒してくれる救護係のヒツジ。とても面倒見がよく、人の世話をする立場になりやすいタイプ。見た目と同じように、とてもやわらかい性格をしています。ただ、ちょっと天然で、とても夢見がち。どこか浮き世離れしたところがあるので、実社会では少し浮いた存在になっているかもしれません。でも、人に嘘をつくことができない根っからの正直者な上、粘り強く目標に向かうひたむきさもあるので、周りから絶大な信頼を得ることができるでしょう。

あれ?
?
プカ
プカ
浮世離れ中。

ヒツジさんと仲良くなれるセリフ

「わかる! それいいよね」

共感されることに飢えているので、そこをくすぐりましょう。

夢を叶える方法

「分かってくれない人は放っておいて分かってくれる人を確保せよ!」

ヒツジさんの持つ感性は、とっても独特。だから、初めて会った人は「変わった人だなぁ」と思うはず。でも、付き合いを重ね、人となりが分かってきた…としてもやっぱり「変わった人だなぁ」という感想は変わらないという、キングオブ「変人」(いい意味で!)なのです。きっと本人は自分の何が人と違うのかが分かっていないので、理解されないことも多いでしょう。でも逆に、分かってくれる人は、とことんまでフォローし、援助し続けてくれるはず。そんな理解者が人生の中でどれだけ現れるかによって運勢は左右されます。

夢を叶える決めゼリフ

「みんな〜!! ありがと〜!!」

と慕ってくれる人への感謝を忘れなければ、道はおのずと開けます。

感謝!!
理解してくれてありがと——っ

分かってくれない人を振り向かせるよりも、分かってくれる人に感謝を伝えるのが先です!

2022年の運勢

ナイーブな気持ちになりやすい年かもしれません。心がトゲトゲしがちで、「どうしたの?」と心配してくれる人にも辛く当たってしまうかも。人間関係も不安定になりがちなので、イライラしたら好きなことに集中する時間を作って、気持ちをリセットしましょう。

2022年の運命の日

3月15日

対人運が高まる日。
大切な人とはこの日に予定を。

【ヒツジの有名人】
平野紫耀、広瀬アリス、田中みな実

えと村住民ナンバー20

名人の風格漂う 黒ヤギ

特筆すべき生態

何か一つのことを極める職人気質

とってても負けず嫌い

打算が先に立つと運気低迷

【黒ヤギ】黒い毛を持つヤギ。手紙を食べてしまう童謡の歌詞でも有名。

このアニマルの生態

百戦錬磨の黒ヤギのロッククライマー。 表面的にはソフトなのだけれど、内面は相当の負けず嫌い。嫉妬にかられて、ライバル・白ヤギさんからの手紙を読まずに食べちゃったりするくらいの闘争心を内に秘めています。負けず嫌いということは、「頑張り屋」ということでもあります。競争することで自分を奮い立たせ、どんどん成長していくタイプです。一つのことを突き詰めることに運があるので、職人的に何か手に職をつけると、「名人」と呼ばれる存在にまで上り詰めることができるでしょう。

夢を叶える方法

「張り合える相手がいることで成長! ズルはNG…正面から勝負を挑め!」

黒ヤギさんは、誰かと競り合うことで自分を高める性質があるため、ライバルと呼べる存在がいるかどうかで、人生ががらりと変わります。時に勝ったり、時に負けたりするような、まさに「好敵手」がいる場合は、充実した日々を過ごせそう。逆に、そういう相手がいない場合は怠惰になりがちで、抱く夢さえもないような生活になってしまうかもしれません。そう、とメラメラ闘志を燃やす相手を持つことこそが、黒ヤギさんの夢を叶えるための近道です。ただ、「勝ちたい」が先に立って、相手を陥れるようなことをしてしまうと運気はたちまちダウン。大事なのはお互いに高めあうスポーツマンシップ。ズルをしてはいけません。

自分と張り合えるくらいの「心のライバル」を見つけることが、人生を輝かせるコツ!

夢を叶える決めゼリフ

打倒! 白ヤギさん!

黒ヤギさんと仲良くなれるセリフ

「応援してる!」

声援を自分の力にかえるタイプなので、シンプルな応援がベスト。

2022年の運勢

急に人と関わることが多くなるかもしれません。でも、その中から親友となる人、ライバルとなる人、生涯の伴侶となる人が現れるのは、2023年になってからでしょう。あまり交友関係を狭めることなく、適度なお付き合いをすると今後につながりそうです。

2022年の運命の日

7月11日

抱えていた難題が嘘のように解消しそうな日。

【黒ヤギの有名人】

堺雅人、小栗旬、長澤まさみ、小松菜奈

えと村住民ナンバー

32 リャマ

もくもくと歩む

黙々
ペコッ

特筆すべき生態

わき目もふらずに一心に自分の道を進む

年上の人とふれあうことで成長

周りがびっくりするような恋をする

【リャマ】厳しい高山地帯に生息している実はラクダの仲間。

このアニマルの生態

重い荷物を背負って黙々と歩き続けるリャマの登山家。 穏やかな生活を愛し、地道に努力を重ねながら、どんな誘惑にも負けずに、自分の選んだ道を貫こうとします。自分の進むべき道が見つかるまでは、その歩みは不安定ですが、これという道を見つければ、わき目もふらない人生に。常識人に見える一方で、不思議な趣味を持っていたり、周囲がびっくりするような人と恋をするような、とびきり個性的な一面があります。常識的な振る舞いをするので、特に年上から好かれる運があります。

誘惑
スルー
誘惑
黙々

夢を叶える方法

「年上に好かれますが甘えてばかりだとNG!! 自ら学び取る姿勢で大きく成長!」

先輩や先生など、目上の人からの影響を強く受ける運を持っています。リャマさん自身も、同い年や年下と一緒にいるよりも、年上の、自分が甘えられるような人と行動をともにしている方がしっくりくるのではないかと思います。ただ、その先人から色々なことを吸収し、自分の成長につなげるという意識があるのならいいのですが、単に「先輩といると楽でいいな」なんていう利用するだけの関係でいると、あとでしっぺ返しを食らいます。リャマさんが本領を発揮できるのは、

夢を叶える決めゼリフ

地道な努力

あってこそ。おんぶにだっこ状態では能力は育ちません。先輩を見てこれだと憧れた道を、自分なりのやり方で進むことで人生が花開きます。

こうするんだよ
先輩
最初は頼っても
いずれは自分の道へ…

先輩に頼りっぱなしはNG。いつかは自分なりのやり方で人生をもくもくと行きましょう。

リャマさんと仲良くなれるセリフ

「いいネタがあってね…」

情報通なので、新しい話題を振ってあげると食いつきます。

2022年の運勢

歌舞伎や落語、和歌や俳句など伝統的なことに運があります。また、何かを受け継ぐことに関心がわくときでもあり、学ぶ意欲も芽生えるので、新しい習い事を始めるのもいいかもしれません。また、試験やテストなどには最高に強い年になるでしょう。

2022年の運命の日

11月22日

成功を収められそうな日。大事なことはここで実行。

【リャマの有名人】
岡田准一、香川照之、浅利陽介、のん

えと村住民ナンバー
44 毒舌なアルパカ

…………
まずっ

特筆すべき生態

ときどき周りを凍りつかせる一言を吐く

本心が分からない謎めいた雰囲気

実は並々ならぬ情熱と野心

【アルパカ】南米大陸原産の家畜の一種。長いまつ毛が特徴。

このアニマルの生態

ミステリアスな雰囲気漂うアルパカの山岳ガイド。 穏やかで優しい性格なのは確かなのですが、何を考えているか分からないと言われがち。癒し系の見た目をしているけれど、何でもストレートに口に出してしまうところがあります。普段は物静かなので、ときどきボソッと口にするその毒舌には、大変な破壊力があります。実は内面にとてつもない底力を秘めていますが、それをあまり人には見せないしたたかさを持っています。人知れず静かに情熱を燃やす、実は大変な野心家です。

かわい〜
……
ぼそ…
かわいいって言ってる自分かわいいとか思ってるよね
思い違いだけどね

夢を叶える方法

「運気の流れを掴みタイミングを見極められれば無敵状態です!」

アルパカさんはアニマル界の中でも一、二を争う野心家です（たぶん誰も気づいていませんが）。恋もそれ以外も、叶えたい夢や願望は、綿密な計画を立てて着実に準備し、最終的にはどんな手段を使ってでも手中におさめる、ちょっと悪の帝王感のある性格をしています（たぶん誰も気づいていませんが）。自分を前へ強く押し進めるような底力があるので、運気の波に乗りさえすれば、瞬く間に目標を達成してしまうでしょう。ここ10年の運気の流れは71ページにあります。

夢を叶える決めゼリフ

大きなお世話（ボソッ）

と言われちゃいそうですが、運がいい時を知ることは無駄にはならないはず。ぜひ、参考にしてみて。

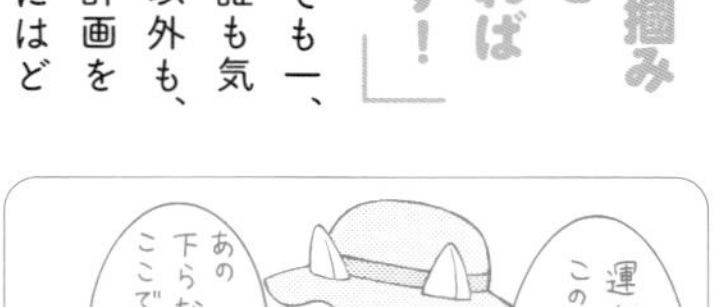
運が良いのはこの年とこの年だから
あの下らない仕事はここで済ませて
しょーもないイベントはこの辺に〜…
60アニマル占い

頑張りどころと、手を抜くところがわかりさえすれば、無類の強さを発揮できます!

アルパカさんと仲良くなれるセリフ

「こうした方がいいんじゃない?」

お世辞は無意味。現実的なアドバイスが効きます。

2022年の運勢

激動だった2021年の混乱が冷めやらぬ状態ですが、2022年からはさらに運気が不安定になる天中殺に入ります。ただ、2022年は、堅実に動ける年でもあるので、あまり大きな事故は起こさないはずです。欲張らず、一つ一つ着実にこなせば意外に大きく前進できることも。

2022年の運命の日

6月27日

運気が安定する日。失敗したくないことはこの日に

【アルパカの有名人】
黒柳徹子、堂本剛、宇多田ヒカル、桐谷健太

えと村住民ナンバー

56 ヤク

人々を導く

この道を進むべし…

特筆すべき生態

人を教え導くのが上手

人の好き嫌いはわりとハッキリ

意外と恋愛はトラブル多め

【ヤク】標高4000m以上の高所に棲むウシの仲間。長い毛を持つ。

このアニマルの生態

山道に迷った遭難者を正しい登山道へ導くと言われる、伝説のヤクの仙人。天性の指導力を持っており、人にものを教えるのがとても上手です。人に頼られることが多いですが、根っからのお人好しではなく、自分をストレートに表現する方なので、実は味方も多ければ敵も多いタイプ。また、穏和そうに見えて、実は危険な恋をしがちです。恋もそれ以外も波乱含みですが、どんなトラブルに巻き込まれても必ず立ち直り、それを糧に自分をどんどん成長させていく、しぶとさを持っています。

助けてヤクさ〜ん
ついて来なされ

ヤクさんと仲良くなれるセリフ

「あなたのおっしゃる通りです」

「信者」になって懐に飛び込むと心を開いてくれそう。

夢を叶える方法

「器の小ささを見せるのはNG どっしり構えれば信用度がUP！」

論理的にものを考えるので、人を説き伏せるのが上手（論破大好き！）。その上、目標に向けてコツコツ修行できる驚異の忍耐力も備わっているので、自力で高みに上ることができる、まさにアニマル界の仙人です。熱烈にあなたを信仰する「信者」も多いかも。ただ、温和な笑顔の奥に、強情で攻撃的な裏の顔を隠し持っているのがヤクさん。相手の気持ちをくみ取らず、「それは要らない」とばっさり切り捨てたり、「それ無駄じゃない？」と合理主義的なところばかりを押しつけると、敵ばかりが増えてしまいます。

夢を叶える決めゼリフ

みんなの話を聞こうか

と度量の大きい行動をとることで、周りから認められるリーダーとして大成することができるでしょう。

それはいらないだろう！
そんなのムダムダ！
抑！

仙人っぽい振る舞いの奥にあるダークな面を、いかに抑えて人と接するかが成功のポイント。

2022年の運勢

激動の天中殺が終わりを告げ、運気に落ち着きが戻り始めます。ただ、あなたを巡る世界は以前と大きく変わっています。色々新しいことが始まる年になりますが、あまり急がないで。本格的に高い運気の波が来るのは2023年なので、そこを目指してゆっくり歩き始めましょう。

2022年の運命の日

3月23日

1年の中で最も上昇運が強い日。勝負事はここで。

【ヤクの有名人】

浜辺美波、林修、有田哲平、堀米雄斗

夢が叶うのはいつ!?

ヒツジ山小屋の住民の 10年運勢グラフ

2032年までの各アニマルの運気グラフです。
夢に向かって動き出すタイミングは、いつ!?

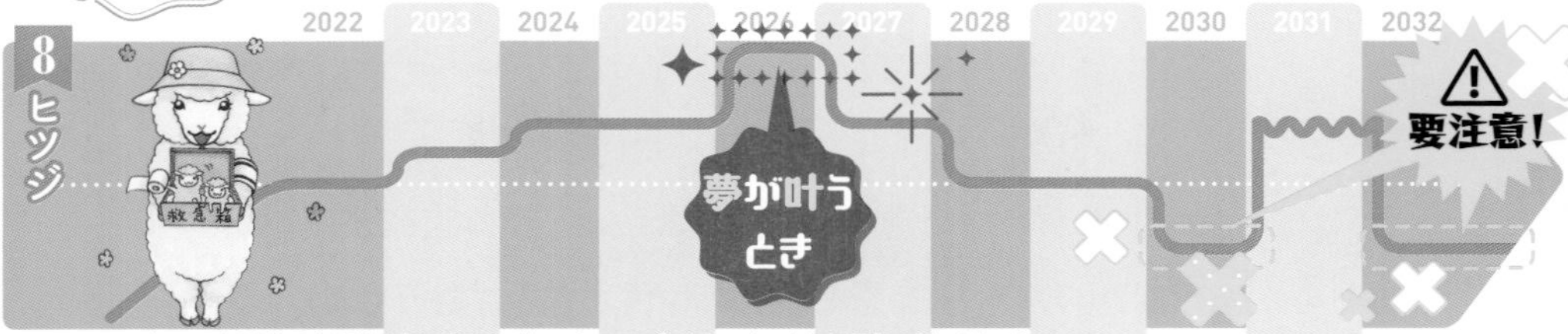

2023～2027年が5年間続く幸運期。中でも2026年は全てがばっちりはまるような運気の波が来そう。

2026年から運気は上昇。ただ、2028年からは不安定な気配もあるので、やりたいことは2026年を照準に。

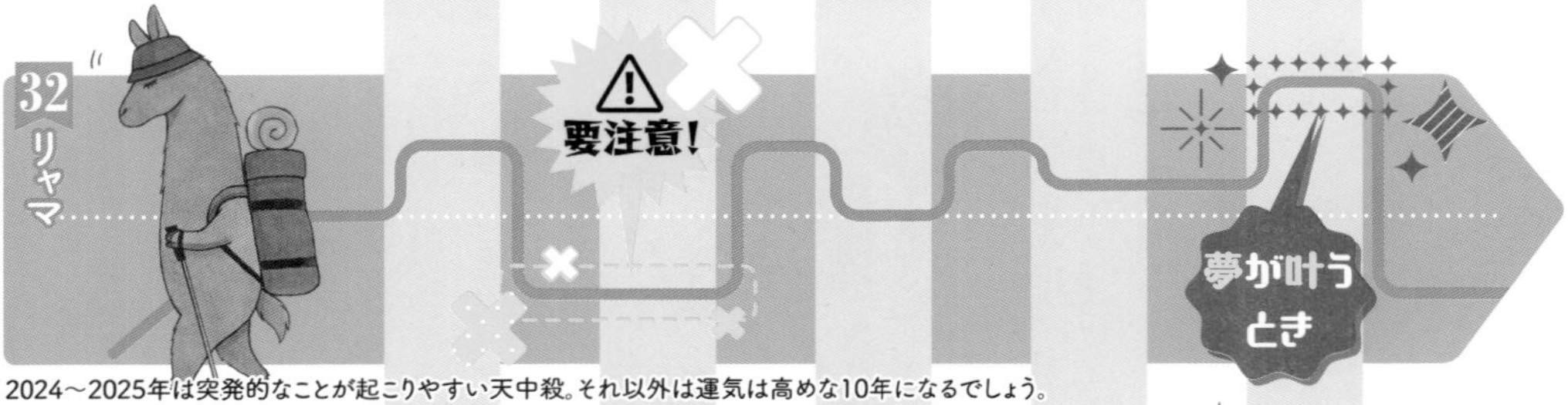

2024～2025年は突発的なことが起こりやすい天中殺。それ以外は運気は高めな10年になるでしょう。

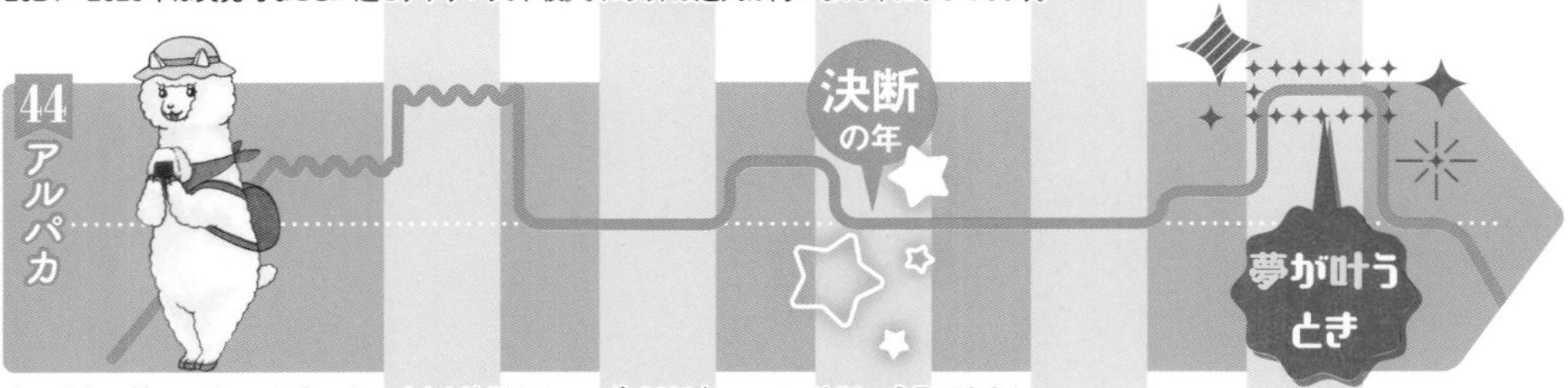

高い運気が続いた後、2027年に何か大きな決断をするはず。2031年にはその決断の成果が出ます。

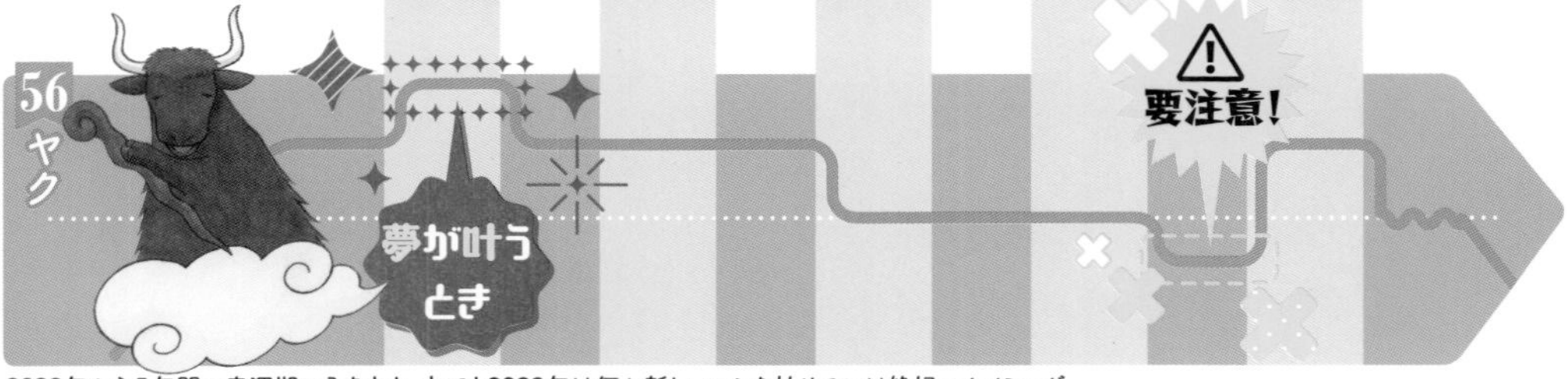

2022年から5年間の幸運期に入ります。中でも2023年は何か新しいことを始めるには絶好のタイミング。

刹那的な青春を謳歌する類まれなる世渡り上手!

サル学園の住民たち

ここは自由な校風が特徴の進学校。通う学生は、頭の回転が速く、応用の才能はピカイチ!　優等生ぞろいな住民たちをご紹介しましょう!

9 クラス委員長の チンパンジー p.074

33 諦めない マントヒヒ p.076

21 器用すぎる ニホンザル p.075

45 高みから見守る オランウータン p.077

57 防御力の高い ゴリラ p.078

そこ!静かに!!
好きです❤
楽勝楽勝♪
論理的に考えると…
皆さんおはようございます!

SARU SCHOOL

サル学園のスローガン

器用貧乏になるなかれ

申

基本的な生態

恋も仕事も勉強も複雑な人間関係も上手くこなしちゃう器用さが持ち味！

とても器用です。手先が器用なだけでなく、人間関係も、恋も仕事も、なんでも上手くこなします。「身の振り方」や「自分の居場所の作り方」の器用さを持っているのです。好奇心が強く、発想力も豊か。柔軟で応用力にも長け、さらに愛嬌もあるので、どんな集団に属しても、なくてはならない存在になるでしょう。ただ、「今、楽しければいい」という刹那的な考え方をする習性には注意。つまり、いつまでも青春真っ直中にいるようなもので、「将来のために今は我慢」なんてことが嫌い。そのため、物事を途中で投げ出してしまうことが多く、経験が浅くなりがちかもしれません。時には、自分が器用にこなせないことに挑戦してみる方が、人生に深みが出ます。

相性の生態系

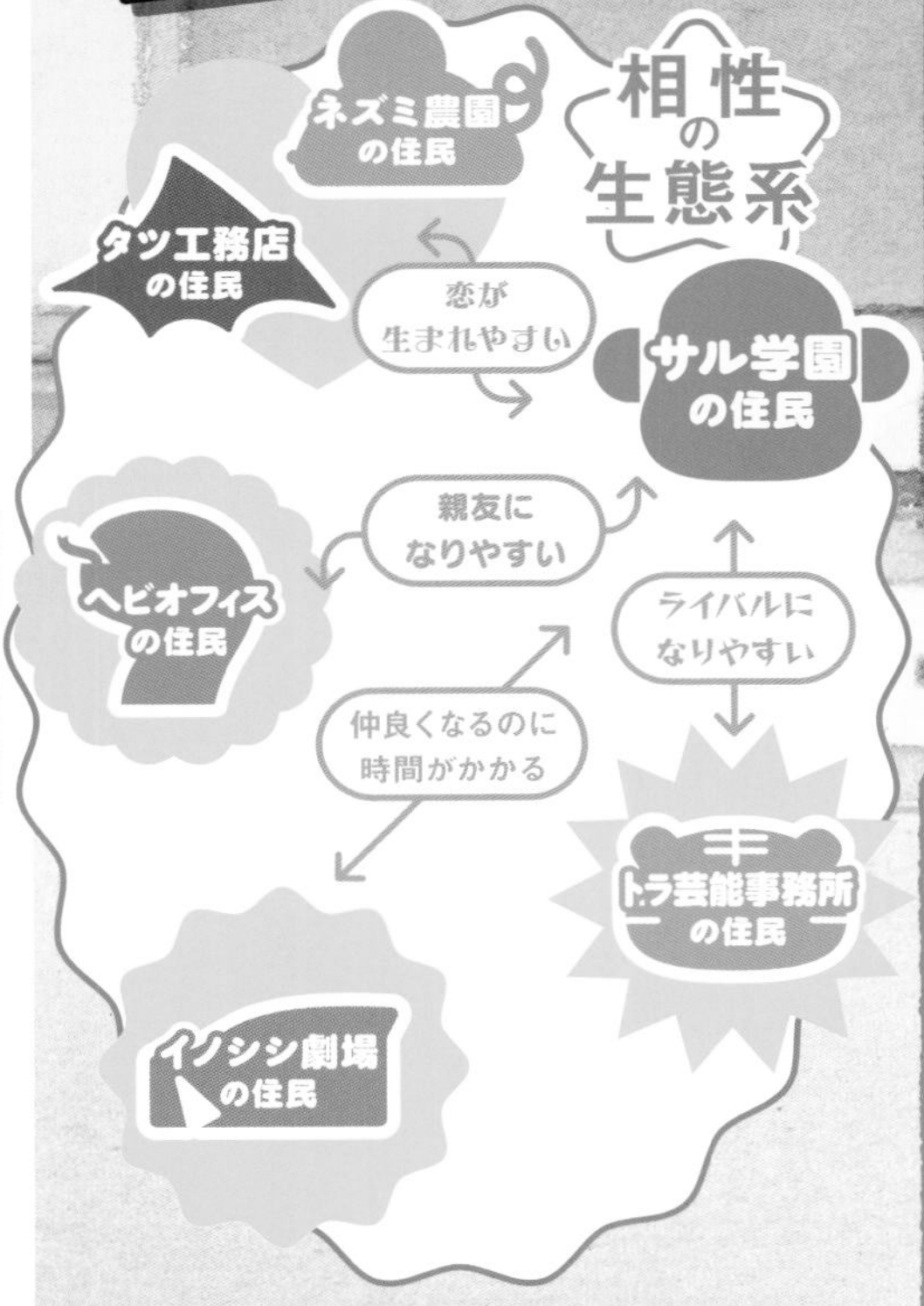

恋愛の習性

どんなメイクより好きなことをして輝きを放つ〝自分〟が最強の武器！

将来性や顔なんかよりも、「一緒にいて楽しいかどうか」に重点をおいて、相手を選ぶことが多いでしょう。恋でも「楽しいかどうか」がやはり価値基準なのです。それはたぶん、楽しんでいる自分が一番美しいと知っているから。実際、自分の好きなことをしている時のサル学園の皆さんは、とても魅力的なのです。もともと持っている愛嬌もあいまって、生き生きとしたオーラを放ちます。恋をしたいなら、まず、自分の夢中になれることを探し、そこで交際の輪を広げるのがいいでしょう。ただし、ストレートな性格なので恋の駆け引きは苦手。恋愛では持ち前の器用さは残念ながら発揮できないので、傷つくことを覚悟で真っ向勝負に持ち込むしかないかもしれません。

2022年からの運勢

2022年は強烈なリセットボタンを押されたような運気。何かが「終わる」暗示があります。ただここで不要なものを捨てることで、2024～2025年にはもっと大きな幸運をつかむことができそうです。

さらに詳しくはこちら!!
10年運勢グラフ <<<p.079
あなたに起こる!? キュン♥エピソードまんが <<<p.155

えと村住民ナンバー

9 クラス委員長のチンパンジー

みんな着席!!
学級会始めるよー!!

特筆すべき生態

人を指導する立場になりやすい世話焼き

学ぶこと大好き!

ただし座学よりは体での実体験が大事

【チンパンジー】森に棲む類人猿。知能が高いことで知られる。

このアニマルの生態

人をまとめるのが上手いチンパンジーの委員長。「男子！　静かにしなさい！」と不良ザルも気後れせずに叱りつける、キモのすわったアネゴ肌です。頭脳明晰で、才能あふれるタイプ…なのですが、とっても素直で偉ぶるところが全くない性格のため、あまりそれを自覚していないところがあります。好奇心旺盛で、知識吸収力はアニマル界随一の秀才。ただ、座って勉強するというよりは、体で経験したことから学ぶものが多いタイプです。学校のお勉強以外も大切にしましょう。

アネゴ肌
コラッ さぼらない!
ネクタイちゃんとして!!

チンパンジーさんと仲良くなれるセリフ

「この新商品、知ってる？」

新しい情報を手みやげにすると仲良くなれそうです。

夢を叶える方法

「頭でっかちで動けない!?」悩むよりはまず体を動かすこと！

向上心が強く、自分を高めるために色々なことに挑戦するフロンティア精神にあふれたチンパンジーさん。興味のおもむくままに経験を積み、ジャンル問わず知識を蓄えるので、アニマル界で一、二を争うその頭脳は常にパンパン！　でも、その頭でっかちになりがちなところが最大の弱点だったりします。その膨大な量の知識や経験で学んだことを上手くまとめられずに、ここぞというときに素早く動き出すことができないのです。今がチャンスだと思ったら、精神で、まず取り掛かってみるのが何より大切。時には「その場のノリ」で行動した方が、蓄えた知識や経験を自然に生かせるはずです。

夢を叶える決めゼリフ

とにかくやってみよう！

ポイッ
データからすると…
こういう時最適なのは…
やってみちゃえっ!!

「案ずるより産むが易し」の精神。悩んでるより一歩踏み出した方が結局上手くいきます。

2022年の運勢

今までのことを一旦ゼロに戻したいという気持ちが生まれる年。離別が起こったり、生活を一変させるような激動もあるけれど、悪いものを断ち切ることにも大きな後押しがあるので、上手くすればスッキリ、運気は上向きに。一人で頑張る覚悟が幸運を導きます。

2022年の運命の日

12月9日

人を引きつける日。
魅力がUPするので告白には最適。

【チンパンジーの有名人】
斎藤工、川口春奈、前澤友作

えと村住民ナンバー
21 器用すぎる ニホンザル

次は何する!?
立候補

特筆すべき生態

サービス精神が旺盛すぎるエンターテイナー

なんでもすぐできてしまう抜群の器用さが武器

ただし一つのことに集中するのは苦手

【ニホンザル】赤い顔が特徴のサル。大きな集団で暮らす。

このアニマルの生態

行動的すぎて、全く落ち着きのないお調子者のニホンザル。人の役に立つこと、人を喜ばせることが大好きなクラスの人気者です。人が求めていることをくみとる能力がずば抜けて高く、特に年上の人から可愛がられるような末っ子気質を持っています。物覚えが早く、すぐに何でも出来てしまう抜群の器用さがあり、応用する才能もあります。その器用さで目につくかぎりの色々なことに手を出してしまいがちですが、一つ一つの経験は浅め。「器用貧乏」にならないように気をつけましょう。

乗れたからもういーや
次!
まわったからもういーや
次!

ニホンザルさんと仲良くなれるセリフ

「ここ教わりたいんだけど…」

基本、「お願い」は絶対に聞いてくれます。勉強を教わってみる!?

2022年の運勢

「五里霧中」といった運気。今までの生活に行き詰まりを感じ、ジタバタするのだけれど先にはなかなか進めないかもしれません。運気が安定する4～5月で出会った人やもの、始まった物事にこのスランプを打破するヒントがあるはずです。

2022年の運命の日

5月23日

心が安らかになる日。
ここでリフレッシュして次へ!

【ニホンザルの有名人】
藤原紀香、北乃きい、岡村隆史

夢を叶える方法

「人を喜ばせたいあまり八方美人になりすぎ!? 時には断る勇気も大事です!」

サービス精神が旺盛なので、人から求められれば、何でもやってあげたくなるような優しさを持っています。人の喜びを自分の喜びとするタイプなので、そのこと自体は夢を叶える第一歩だったりするのですが、行き過ぎは問題。色々引き受けすぎてキャパオーバーになってしまったり、それこそ利用されるだけの「便利屋さん」になってしまったり…。喜ばせたい一心なのはいいのですが、調子に乗って周りにいい顔をしすぎると、あとで反省しなきゃいけないようなことに。

夢を叶える決めゼリフ

それはNGでお願いします

とはっきり断ることも時には大事。自分で断れないなら、代わりに断ってくれる友達を持ちましょう。自分を律してくれる人は大切に。

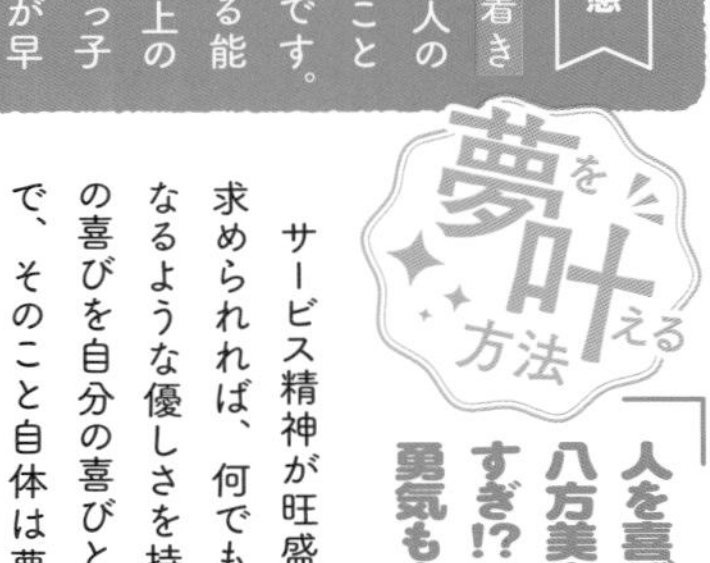
お願いー
ごめん!!
ムリな時はハッキリと!!
ずらっ

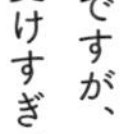

大事なことほど「頼まれごと」を引き受けるのは慎重に。安請け合いしちゃうと後悔します。

えと村住民ナンバー

33 諦めない マントヒヒ

コレ受け取ってー❤

特筆すべき生態

一度決めたことは絶対に諦めない

とってもメンクイ（イケメン大好き!）

意外と人の影響を受けやすい

【マントヒヒ】草原などに棲む顔の周りの白い毛が特徴のサル。

このアニマルの生態

白馬に乗った王子様を待ちかまえる、常に臨戦態勢な肉食系女子マントヒヒ。見た目にこだわる、かなりのメンクイです。直感力に優れていて、「この人だ!」と決めた相手にロックオンすると、持ち前のバイタリティで猛アタック! 人一倍執着心が強いので、一度や二度の失敗ではへこたれず、何度も波状アタック!! 狙いを定めたものを、おいそれと諦めない粘り強さが持ち味です。恋だけでなくその他のことも、その抜群の行動力で次々と実現する、パワフルすぎる生態をしています。

しぶとく!
諦めない!!

マントヒヒさんと仲良くなれるセリフ

「そのメイク、かわいい!」

見た目重視派なので、まずはメイクやアクセの話題から入りましょう。

2022年の運勢

変化運が巡るサル学園の中でも、特に強烈なリセットの波が押し寄せ、人やものとの別れがありそう。この波に逆らって、現状維持しようとするのはNG。かえって取り残されちゃいます。そのバイタリティでこの変化の波に乗って新しい所にジャンプするくらいの気持ちで!

2022年の運命の日

12月25日

クリスマスが最高の出会いの日。この日に始まる恋が!?

【マントヒヒの有名人】
山﨑賢人、沢口靖子、吉岡里帆、あいみょん

夢を叶える方法

「憧れの人に影響をバリバリ受ける!? 目指す人を見極める目を育てましょう!」

夢を叶える決めゼリフ

一途なんです、私❤

何かに食らいつくと、絶対に放さない性格なので、あきれるほど、一人の人を追い続けるような恋愛をしますし、恋以外でも信頼できる人に身を捧げるような生き方をします。だから、その「追い求める人」によって、人生が大きく左右されることも。例えば、部活に憧れの先輩がいたら言葉遣いはもちろんメイクや服装まで真似しちゃいます。恋する人がショートカット好きだと分かれば髪を切っちゃうかも。ただ、良いところだけでなく悪いところも漏れなく影響を受けてしまう点には注意。一途さがアダにならないよう、人を客観的に見極める目を持つこと。これが自分を真っ直ぐ夢へと導くことにつながります。

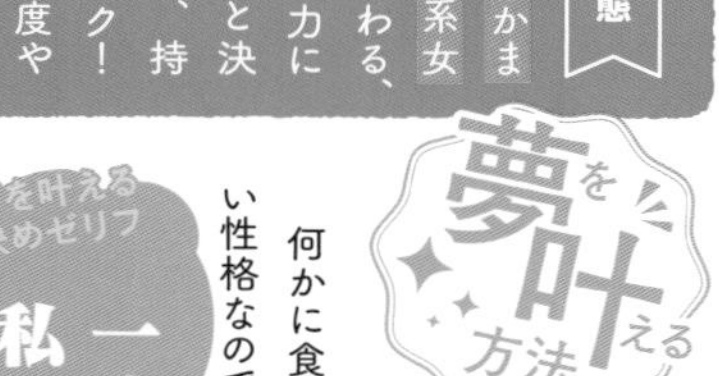
彼が派手好きだからメイク濃くしよ❤
彼が金髪好きだけど…
それはやめとこ
客観的に見極めて!

真似をしていいところとダメなところ。自分の中で線引きをすることがとても大切。

えと村住民ナンバー
45
高みから見守る
オランウータン

みんな元気でよろしい

特筆すべき生態

集団行動が苦手で一歩引いたところが定位置

人のフォローがとっても上手

上から目線な発言をしがち

【オランウータン】熱帯の樹上に棲むサル。森の賢者と言われる。

このアニマルの生態

高い木の上にある校長室から生徒を見守るオランウータンの校長先生。集団行動が苦手な、孤高をこよなく愛するタイプです。ただ、積極的に関わることはしないけれど、一歩引いたところからずっと皆を見守り、いざ問題が起こったら、校長室から「よいしょ」と降りてきて、誰よりも早くその混乱をおさめてしまいます。フォロー上手なので、何かと「後始末」を任せられることが多いかもしれません。俯瞰でものをみるクセがついているので、上から目線でものを言いがちなのには注意です。

この学園は私が守ります
悪
むんずっ

オランウータンさんと仲良くなれるセリフ

「ちょっと聞いてよ〜」

意外と寂しがり屋なので、気さくに話かけるだけでキュン!

夢を叶える方法

「固定観念や思い込みに注意! 時には全然違う目線で物事を見るのが吉!」

頭の回転が速い切れ者で、何かあったときには頼りになる存在。攻めの姿勢で何かを切り開いていくというよりは、何も起こらないように「守る」という役割を担うことが多く、またそういうポジションにいた方が結果的に自分のやりたいことを成し遂げられるでしょう。要注意なのは、その内面に秘めた頑固さが悪い方向に現れてしまうこと。揺るぎない自分の芯を持っているため、強情で思い込みが激しいのです。行きすぎると周りから敬遠されちゃいます。

夢を叶える決めゼリフ

今日は校長じゃないです 生徒になってみます♪

と時には視点を変えてみるのも必要。広い視点に立って考えることで、周りの人からの共感を得られることも多くなり、夢がぐっと近づきます。

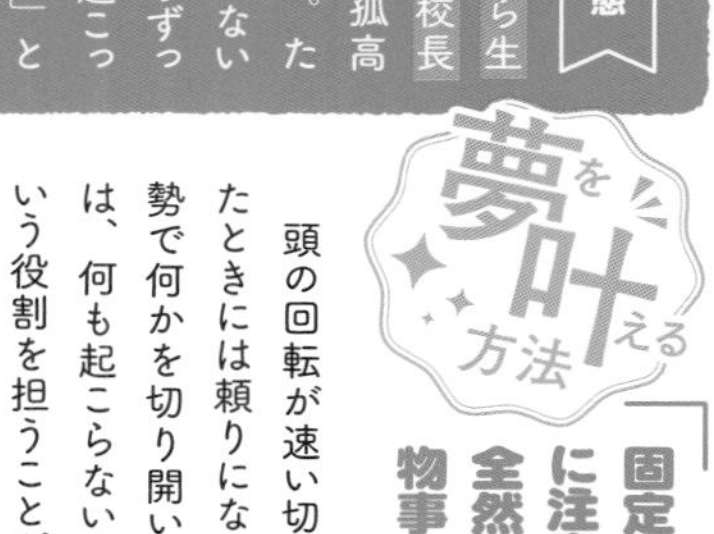
たまには生徒の視点に立たねば♪
校長!?

考えが凝り固まってしまわないように、たまには思い切り目線を変えてみることが大切。

2022年の運勢

強い変化運の「天戦地冲」と「天中殺」がダブルで訪れる滅多にないキング・オブ・厄年のような年です。思い通りにならないことも多いかもしれないけれど、去る者は追わず、新しい自分に生まれ変わるつもりで進めば、2023年からの開運につながります。

2022年の運命の日

4月10日

この日から5月中は運気安定。失敗できないことはここで実行。

【オランウータンの有名人】
木村拓哉、櫻井翔、高橋みなみ、橋本愛

えと村住民ナンバー

57 ゴリラ

防御力の高い

君の行動は和を乱しているぞ…

特筆すべき生態

完璧な理論武装で敵を排除する武闘派

強いメンタルで逆境に立ち向かう

面倒見がいいリーダータイプ

【ゴリラ】屈強な身体を持つ霊長類。小さな集団で行動する。

このアニマルの生態

硬派なゴリラの優等生。普段は知的で物静か。でも、仲間に危害を加えたり、調和を乱すようなヤツらにウッホー！と容赦のない攻撃を加える、根っからの武闘派です。感情というよりは、理詰めで物事を考え、それに従った行動をとる、とっても渋めな優等生的性格。理論武装は完璧で、アニマル界では口で勝てるものはいないかも。また、逆境に負けないメンタルの強さを持っているので、いざというときは誰よりも頼りにされます。その知性と高い攻撃力で困難から仲間を守るため、奮闘します。

防御！
正論
理論
反対意見

ゴリラさんと仲良くなれるセリフ

「その生き方見習います！」

自分のスタイルを認めてもらえると途端に心を開きます。

夢を叶える方法

「自分の中に理論武装以外の新たな長所を見つけましょう！」

面倒見がよく、後輩から慕われる親分気質なので、リーダーとして皆を引っ張る立場になります。チームで大きな夢を追って戦う機会が多く、またその方がゴリラさんの持つ戦闘能力が最大限に発揮されるでしょう。ゴリラさんの泣き所は、武器が「論破」だけなこと。合理的な考え方で説得できる相手に対しては無敵ですが、感覚で生きているようなタイプにはその武器は全く役に立ちません。何も、相手を説き伏せることだけが成功への道ではないですよ。なんなら、

夢を叶える決めゼリフ

武器＝笑顔

が一番効果的なことだってあり得ます。自分の新たな魅力に気づき、今までとは違う武器を手に入れること。これが成功への近道です。

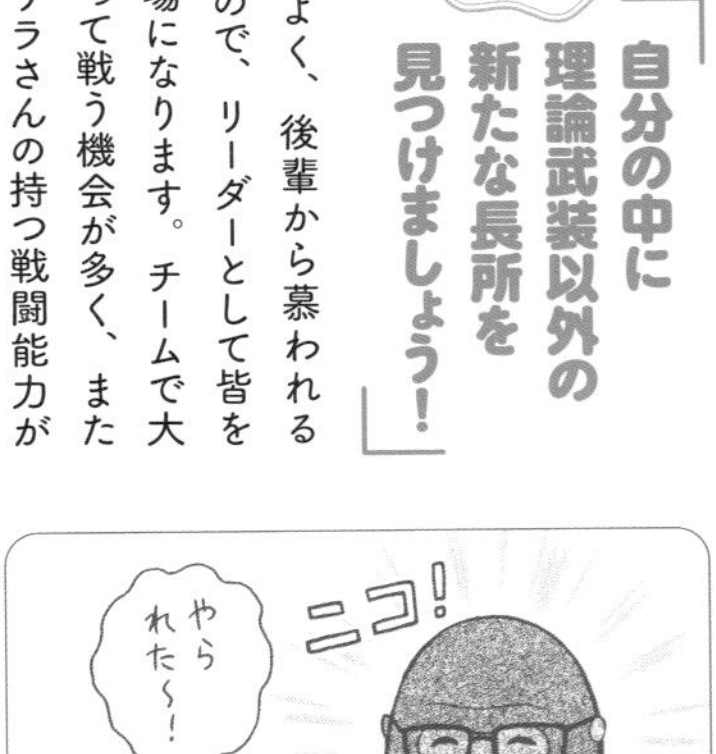
やられた～！
ニコ！

もともと戦闘力が高いので、全然違うタイプの「武器」を手に入れれば、向かうところ敵なし。

2022年の運勢

2年間続いた不安定な運気の天中殺が去り、やっと本調子に戻ります。ただ、今まで激動だった分、気持ちに隙が生まれます。のんびりしすぎて色々なところでのミスには要注意。恋の機会は多めでしょう。ただ開放的になりすぎる時なので、浮気などのトラブルには十分注意を。

2022年の運命の日

4月21日

今後につながる運命の出会いがありそうな日。期待して！

【ゴリラの有名人】
妻夫木聡、田中将大、高橋真麻

夢が叶うのはいつ!?

サル学園の住民の

10年運勢グラフ

2032年までの各アニマルの運気グラフです。
夢に向かって動き出すタイミングは、いつ!?

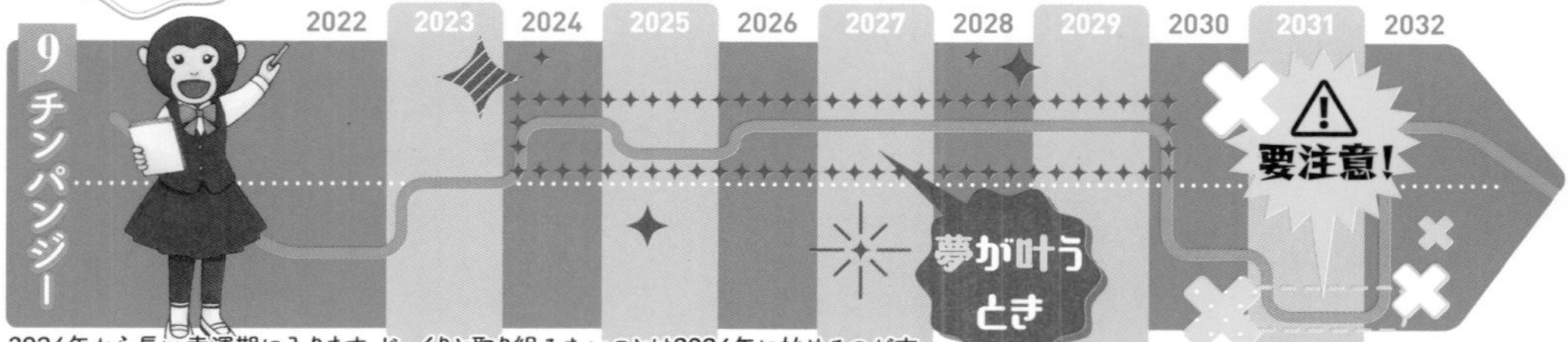

2024年から長い幸運期に入ります。じっくりと取り組みたいことは2024年に始めるのが吉。

2024年に運気が上がったと思ったら、2026年には運気が不安定な天中殺が。やりたいことは早いうちに始めましょう。

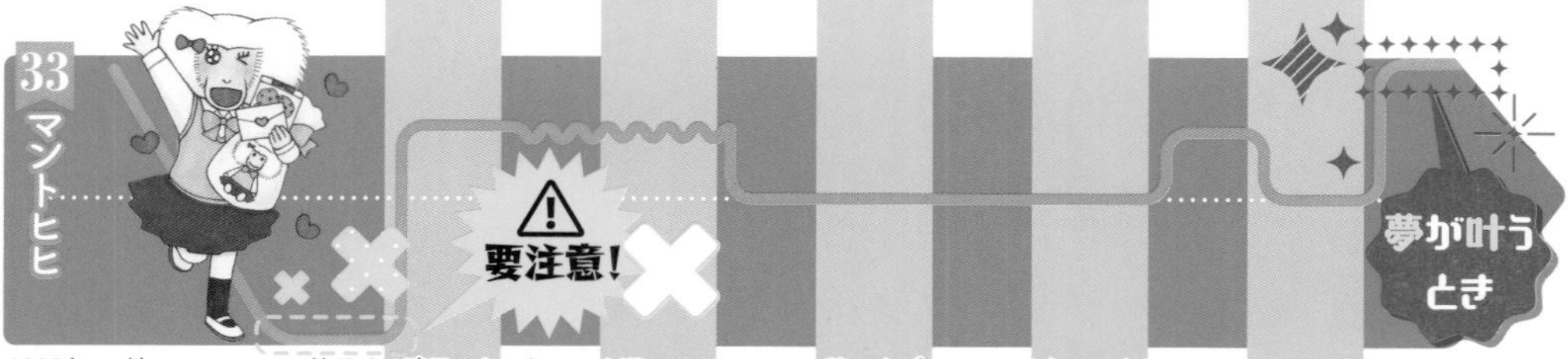

2022年は、続いていたことが終了する暗示のある大リセット運。ここからコツコツ積み上げれば、2032年には大きな成功を手にしそう。

激動の10年間です。2022年に何かが「終わる」大リセット運。2024～2025年に成功をつかむことで、2028年には大きな決断をする暗示。

2024～2025年が空前の幸運期。出会いの多い2024年に知り合った人と翌年にゴールインなんてことも!?

愛嬌とセンスのよさで勝負! 感度高めなレストラン従業員たち

トリレストラン の住民たち

ちょっとお高くとまった雰囲気のある高級レストランで働くのは、これまた鋭い感性を持ったスタッフばかり。こだわり強めな住民をご紹介!

いらっしゃいませ
ファイヤー!!
少々お待ちくださーい
どんなワインがお好みですか?
地道…

トリレストランのスローガン

センスよすぎてごめんあそばせ 酉

基本的な生態

お調子者すぎる振る舞いの奥にプライド激高い完璧主義者の顔!?

大空から寸分違わず獲物を捕らえるがごとく、正確で綿密に物事をとらえられる特技を持っています。人があまり感じないようなことも察知してしまうので、周りからすると霊感があるんじゃないか?と思われるほど。何かこだわりを持って生きていることが多く、一様に凝り性で完璧主義者です。また、ファッションやSNSなどで自分自身を表現しようとする習性があり、自分が持つセンスをちょっと特別だと思っているところがあります。しかし、普段はそんなことなんて1ミリも顔に出さず、表面上は穏和、もしくはお調子者としてふるまうことが多いようです。その愛嬌たっぷりの姿で交友関係は広めですが、本心を明かす相手はごく限られているでしょう。

恋愛の習性

プライドが邪魔して恋は波乱が多め!? 見た目に反して恋愛は赤点気味…

自分を「ちょっと特別」と思っているために、恋人に求めるハードルが自然と高くなります。人とは違う個性があったり、皆がうらやむような何かを持っている人を好きになる傾向が。恋は選り好みが激しいでしょう。だから、本人は華やかでモテそうな見た目であったとしても、恋愛経験は意外と少なかったりします。プライドが高く、自分からは絶対に折れられないので、恋人に対してはわがままを言いがち。振り回したり振り回されたりと、恋をすること自体に疲れてしまうことも多そうです。本来が傷つきやすいタイプなので、色々経験を重ねた末に、結局は平凡な雰囲気の人とゴールインすることも。でも、その方が実は性に合っていたりします。

相性の生態系

2022年からの運勢

2023年から2025年にかけて、激しく運気が上下します。その流れに振り落とされないよう準備するのが2022年。自分にとって大事なものは何かを真剣に考えれば自ずと激動期を乗り越えるヒントを得られます。

さらに詳しくはこちら!!

10年運勢グラフ <<<p.087

あなたに起こる!? キュン♥エピソードまんが <<<p.161

えと村住民ナンバー 10

ツル

処世術に長けた

MENU
これを組み合わせてみてはいかがでしょうか?

特筆すべき生態

困難を独自のアイデアで乗り越える

頭の回転が超速い

意外と気分が落ち込みやすい

【ツル】長いクチバシ、首、足を持つ鳥。長寿の象徴ともされる。

このアニマルの生態

人とは少し違うセンスを持つツルのギャルソン。頭の回転は速いですが、頭がいい人特有の意固地さが全くない、軽やかな性格をしています。たとえ、進む道に困難が訪れたとしても、その道をどうにか通ろうと意地になって頑張るのではなく、別の道を探してきてさっさと先に進んでしまうような器用さがあります。人間関係も軽やかで、人と人の間を自由に飛び回るバランス感覚を持っています。周りの人のために、自らの身を削って機を織るような献身的な生き方を選ぶことが多いようです。

向こうから通れるかもしれませんよ
★人と違った考え方★

ツルさんと仲良くなれるセリフ

「めちゃくちゃかわいいですね!」

クールなのであまり顔には出しませんが単純な誉め言葉に弱いです。

夢を叶える方法

「落ち込んでいるときこそが新たなアイデアを生み出す貴重な時間!?」

努力を必死に重ねて地道に…というよりは、一発逆転の天才的なアイデアを思いついて、上空から掻っさらっていく!というのがツルさんの成功パターン。そのアイデア、事も無げに思いついているように見えるのですが、そうではありません。シャープで繊細すぎる思考を持つあまり、本来は落ち込みやすい性格。何かあると、ふすまの奥に引きこもってしまいます。でも、このくよくよタイムこそがツルさんの真骨頂。ここで、人があっと驚くような起死回生の思いつきをすることが多いのです。落ち込むときはとことん落ち込む。この時間を十分とることが、ツルさんが大きな成功をつかむ近道です。

夢を叶える決めゼリフ

決して覗かないでくださいね

くよくよ…
失敗してしまいました…
くよくよ…
くよくよ…
く…
ひらめいた!!

本人は辛いかもしれませんが、落ち込んで籠もり気味な時ほどいいアイデアが降りてきます。

2022年の運勢

散財しちゃうかもしれない年。色々なものに興味がわき、あれもこれもと手に入れたくなる衝動を抑えられないかもしれません。でも、自分一人のためではなく家族や友人が喜ぶもののためなら有意義な出費。周囲の人を大切にする年にして。

2022年の運命の日

5月24日

モテ運最強日。あの人から告白されるかも!

【ツルの有名人】
菅田将暉、芦田愛菜、神尾楓珠、松島聡

えと村住民ナンバー 22

いたずら好きのオウム

モノマネしまーす☆

特筆すべき生態

人を楽しませることが大好きなお調子者

人の観察が得意

人の話は聞いてるようで聞いていない

【オウム】派手な色の羽毛を持つ鳥。人の声などをマネする。

このアニマルの生態

モノマネが得意な陽気すぎるオウムのホール係。 人を楽しませることが大好きな皆の人気者です。一人で何かするというよりは、人と協力することで良さを発揮するタイプ。人をじっくり観察して、その人の特徴をとらえることがとっても上手く、全ての人間をフラットに客観的な目で見ることができます。一方で、人をよく見ているわりにその人の影響を全く受けない、ちょっとニヒルな面も。実は、人の話を聞いているようで全く聞いていない、超マイペースな性格。意外と孤独も大好き。

「向こうから通れるかもしれませんよ」
「芸能人デビュー!?」
似てるー!!

夢を叶える方法

「その成功で自分を縛りつけそうならちょっと休憩するのもありですよ!?」

素直で行動力抜群。それに気取らず、自分を必要以上によく見せたりしないので、万人に好かれる運を持っています。その実行力をもってすれば夢を容易に引き寄せられる力の持ち主。ただ、目標まであとひと息というところで、なぜかやる気が出なくなることが多いかも。これは、ある程度「自由」がないと息苦しくなっちゃうオウムさんの習性。つまり「目標に到達すること」に縛られている自分がイヤになるのです。気乗りしないまま達成しても嬉しくないので、

夢を叶える決めゼリフ

後からやりま～す!

宣言をするのもあり。もっと経験を積んでから再始動すれば、さらなる大きな成功を手にすることも。

目標達成
くるっ
もう少し自由でいたいから
後にしよ!

目標に縛られるくらいなら後回し! この自由な感じが、オウムさんにはちょうどいいのかも。

オウムさんと仲良くなれるセリフ

「あなたのタイミングでどうぞ」

寂しがり屋の孤独好きなので、程良い距離感が○。ペースを合わせて。

2022年の運勢

試験やテストにめっぽう強くなるときです。学びの気持ちが大きくなるので、知識の吸収力は抜群。ここで得た知識は、来年以降の運気の土台になって支えてくれるでしょう。親や先輩や先生など、年上の人からたくさんのことを学べる時。古い物や伝統も大切に。

2022年の運命の日

1月28日

出会い運の最強日。何かと引き寄せる力が強いので告白に最適。

【オウムの有名人】

長嶋一茂、多部未華子、ビヨンセ、髙橋海人

えと村住民ナンバー

34 ワシ

芸達者な

さあ
ご覧あれ!!

【ワシ】肉食の大型鳥類。その姿から空の王者と言われている。

特筆すべき生態

人をひきつける生来のカリスマ性

豪快だけど繊細…この二面性が魅力のもと

芸能の仕事が向いている

このアニマルの生態

多芸で名をはせる、有名スターシェフのワシ。サービス精神旺盛で、人の注目を浴びるのが大好き。しかも、そもそも人の目をひきつけるようなカリスマ性を持っているので、強烈な個性が集まる芸能界などであっても大活躍できます。怖いもの知らずな行動力を持ち、豪快な生き方をする一方、鋭い観察眼で細かいところにまで目を配る神経質さも持っています。その大胆にして繊細な二面性のある才能を認めてくれる人からは、絶大な信頼をおかれます。敵に回すと怖いタイプ。

サインくださいっ
ファンです!!
うちの番組に出演してくれませんか!?
芸能人デビュー!?

夢を叶える方法

「どんなに困難でも夢に進む姿を周りの人が後押ししてくれる!」

やると決めたら即断即決。ほとばしるチャレンジ精神で、並の人には到底たどり着けないような高みに上りつめられる運気を持っています。そう、無鉄砲なまでに挑戦を愛する自由な生き方が、大きな夢への原動力なのです。ただし、新たな挑戦に困難はつきもの。どうしても人生は不安定になりがちなのですが…

…ですよね? 時には「夢のために平穏は諦める」という選択をしなければならない時がくるかもしれません。でも、何があったとしても、人望が厚いワシさんなら、必ず誰かが手をさしのべてくれます。自分のセンスと運を信じて、一つのことを粘り強く突き詰めれば、大きな目標も必ず手中におさめられます。

夢を叶える決めゼリフ

ワシは止まると死ぬんじゃ〜

平穏
飛び出したら止まらねぇっ!!
安定

一旦飛び立てば無類の実行力を発揮! 何があっても、きっと周りが助けてくれます。

ワシさんと仲良くなれるセリフ

「ちゃんとしなさい!」

意外とMっ気が強いので
ダメなところを
叱ってあげるとキュン!

2022年の運勢

実は2021年がひとつの夢が叶う年でした。2022年は、その成功や達成感を土台にして、次の飛躍と安定を目指し勢いよく前進! 周囲の人までもハッピーにする〝幸せのリーダー〟になるような1年に。まだ何も夢が叶っていないと思う人は、1〜3月に少し遅れて幸運が。

2022年の運命の日

1月24日

モテ運UP日。恋をしたいならこの日から動き出しましょう。

【ワシの有名人】
市川海老蔵、松田龍平、新垣結衣、広瀬すず

えと村住民ナンバー46

丁稚奉公をする ペンギン

僕がやりますっ

特筆すべき生態

困難な状況で あればあるほど輝く

下働きからのし上がる

所属する場所を建て直す 「再興」運を持つ

【ペンギン】主に南半球に生息する飛べない鳥。泳ぎは得意。

このアニマルの生態

懸命に働くシェフ見習いのペンギン。庶民的で、地道に歩みを進める努力家です。下働きなど、困難な道をあえて歩んだ方が輝くタイプで、端から見ると、え?と思うような辛い役割を進んでやるようなMっ気があります。いきなり人の上に立つよりは、下積み・下働きからのし上がる方が性に合っています。また、荒れ果てた土地に元の豊かさを取り戻すような特殊な運気を秘めていて、例えば、廃業寸前のレストランでペンギンさんが働き始めると業績が持ち直す…みたいな座敷童子的な存在。

せっ
せっ
あの子が入ってからなぜか店が繁盛しだしたような…
ひそ
ひそ

夢を叶える方法

「自分をこの場から引き上げてくれるような運命の人を探し当てろ！」

地道でマイペース。どんな場所に置かれても、その場所で一生懸命に働く堅実さを持っています。そのひた向きな姿は周りの人の胸を打ち、ペンギンさんを嫌う人はこの世の中にいないのではないか?くらいの好かれ方をします。ただ、自分のことよりも、人のことを手を差し伸べてくれる人も多いはず。ただ、自分のことよりも、人のことを優先して考えてしまうので、人生で花を咲かせるのは遅め。運の流れをスピードアップしたいなら、ペンギンさんの才能を見つけて引き上げてくれる人を探すのが一番。自分のためじゃなく、

夢を叶える決めゼリフ

この人のために …頑張ってみようかな

と思って頑張ることが、結果的に自分を前に進める推進力になります。一つ一つの出会いを大切にしましょう。

出会いを大切に！
この人のために頑張る…!!

「自分のため」より「この人のため」の行動の方が、かえって才能が開花します。

ペンギンさんと 仲良くなれるセリフ

「この丁寧さ、誰にも真似できないよね！」

ご褒美あってこそのM体質。
作ったものを誉められると心を開きます。

2022年の運勢

年明け早々、思いがけず素敵な恋や仕事のチャンスなどいい事ばかり起きるかも。でも、2022年から2年間は、天中殺というイレギュラーな運気に入り、この時期の幸運は一時的な幻かもしれないので舞い上がり過ぎないで。2～3月は、はしゃぎすぎに注意です。

2022年の運命の日

4月22日

運気安定日。失敗できないことはこの日を選んで実行！

【ペンギンの有名人】
綾野剛、村上信五、Kōki,、りんたろー。

えと村住民ナンバー **58**

学者肌のダチョウ

お目が高い！こちらは濃厚でパワフルな味わいの希少なワインで
デキャンタージュすることにより複雑さが増し洗練された印象に…

特筆すべき生態

一つのことを突き詰める集中力の高い学者タイプ

知識もセンスも才能も全部持ってる

ただ野心が全くない

【ダチョウ】飛べない巨大な鳥。しかし走る速度は時速70km。

このアニマルの生態

並外れた知識量を誇るダチョウのソムリエ。個性的なセンスも、それを成し遂げる実力も備わっているはずなのに、野心が皆無なため、全く飛び立とうとしない性分。振る舞いはとてもクールで、何かあったとしても動じない冷静沈着さが特徴です。何も考えていないように見えるのだけれど、繊細さや、細かな気配りには人に抜きんでた才能があります。また、一つのことに集中して向き合うと運が開けるタイプなので、学者や芸術家、研究者などの何かを突き詰めるような職業に向いています。

受賞！
研究…

ダチョウさんと仲良くなれるセリフ

「今度、あそこ行かない？」

誰かからの誘いに
飢えているので
予定を聞くのが一番効きます。

夢を叶える方法

「飛べないんじゃなく飛ばないだけ!? でも飛び立たないのは本当にもったいない！」

目の前のことをコツコツこなすのに喜びを感じるタイプなので「夢は大きく！」と言われたところで、いまいちピンとこないかもしれません。ただ、その類まれなセンスと知識量を何らかの形で外に出さないのは、もったいなさすぎます。たぶん、自分からはまず飛び立とうとしないので、重要なのはその才能を信じて後押ししてくれる人を見つけられるかどうかです。「君はスペシャルだから!!」と強引にでも背中を押してくれる人がいれば、ダチョウだって、

夢を叶える決めゼリフ

空も飛べるはず

意固地になりすぎることなく、自分を無理にでも外へひっぱっていってくれる人を大切にしましょう。

さぁ飛ぶんだ!!
!?
ひょいっ

多少強引だなと思っても、自分を持ち上げようとしてくれる人を大切に。

2022年の運勢

なぜかわがままになる年です。ここまでためてきた他人への鬱憤が爆発しがちで、冷静なダチョウさんにしては珍しく周囲とぶつかることも。でも、それでスッキリ整理できる人間関係も。感覚が鋭くなる分、芸術運は上昇。集中すれば新しい才能が開花するかも。

2022年の運命の日

5月4日

運気安定日。スムーズに進んでほしいことはここから始めて。

【ダチョウの有名人】
向井理、藤原聡

夢が叶うのはいつ!?

トリレストランの住民の

10年運勢グラフ

2032年までの各アニマルの運気グラフです。
夢に向かって動き出すタイミングは、いつ!?

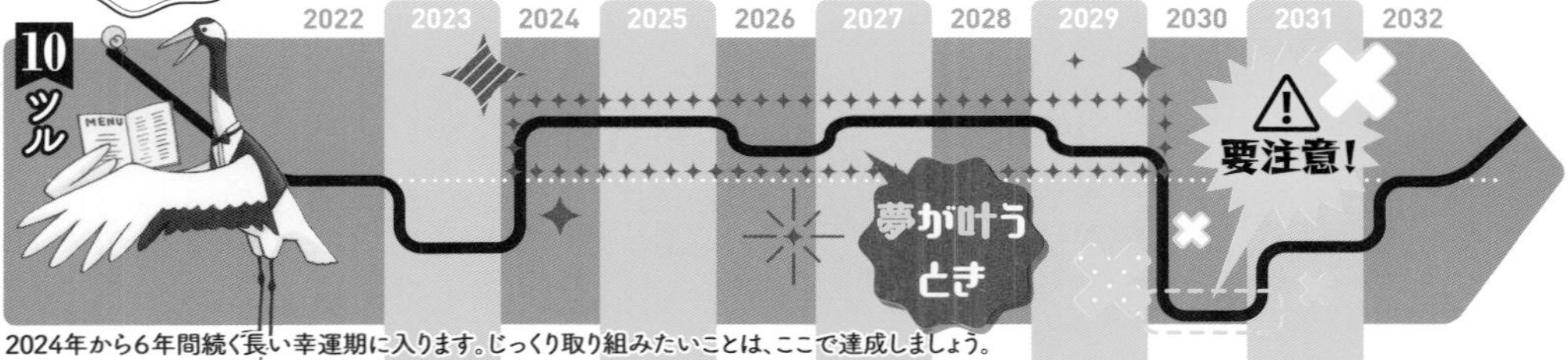

2024年から6年間続く長い幸運期に入ります。じっくり取り組みたいことは、ここで達成しましょう。

2026～2027年は予期せぬことが起こりやすい天中殺。2024～2025年でやりたいことは実行しましょう。

2023年に「別れ」の暗示。そこで不要なものと「別れ」られれば、2024～2025年の幸運期をすっきり迎えられます。

2029年に今後を左右する大きな決断をします。2023年の大リセット運で何を手放し、2024～2025年で何を達成するのかが重要。

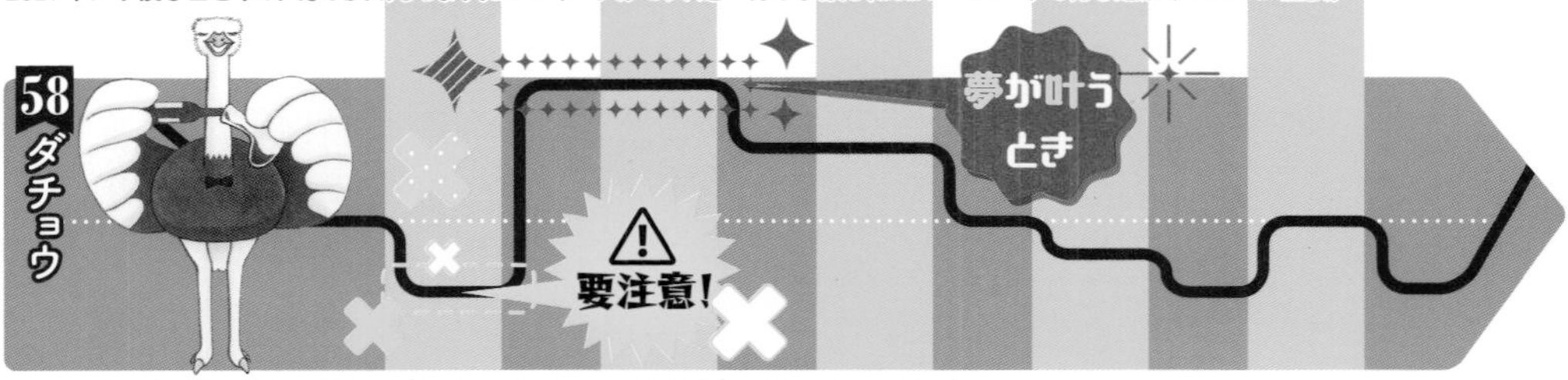

2024～2025年の幸運期が過ぎると運気は下がりがちになるので、勝負したいならここで行動を。

信じた人に尽くします！ 誠実第一の才能ある商人たち！

イヌ商店街の住民たち

つぶらな瞳の奥に並々ならぬ商才を秘めているツワモノぞろい!?

客足の絶えない商店街の、ピュアすぎる住民たちを紹介しましょう!

35 ワンオペ人気店の**オオカミ**

<<< p.092

へい
らっしゃい!!

23 商売上手な**チワワ**

<<< p.091

さーて
次に紹介するのは!!

11 情熱的な**ダックスフント**

<<< p.090

そこ！
止まりなさーい！

47 困難に打ち勝つ**セントバーナード**

<<< p.093

あー
忙しい
忙しい

59 社長の器を持つ**ラブラドール**

<<< p.094

取締役

イヌ商店街のスローガン

商売繁盛は誠の心から

戌

基本的な生態

律儀で誠実！「忠犬」な所が意外と商人向きだったりする!?

尊敬している人や信頼している人には、どこまでもついて行くような従順さがあり、恩を感じた人をいつまでも大事にする律儀さも持ち合わせる…まさに「忠犬」という表現がぴったりの生態です。しかし、ピュアで素朴な性格なだけに融通がきかないのが難点。一度始めたことの方向転換がなかなかできず、苦労することも多いでしょう。また、思いこみが激しく、白黒つけないと気が済まないところもあり、人と衝突することも。ただ、この一見、世渡り下手な性格は「信用第一」の商売の世界においては上手く働きます。受けた恩は一生忘れない律儀さ、自分の正義に反したことは断固としてはねつける誠実さで信用を勝ち取り、多方面で商才を花開かせる住民も多いようです。

恋愛の習性

付き合うとすぐに「身内」になる!? 恋の刺激は少な目かも…!?

親兄弟をとても大事にするので恋人を選ぶ条件も、自分の家族が受け入れてくれるかどうか?が大きなポイントになります。だから、あまり突拍子もない人と恋愛することはありませんし、ましてや親の反対を押し切って…というゴールインも少ないでしょう。一目惚れもあまりなく、人となりを知っている人を相手に選びがち。知り合い・友人として接しているうちに自然と恋に発展させていくのが、黄金パターンといえます。

付き合い始めると、恋を長く続かせようとする習性があります。ただ、その付き合った人もすぐに「家族」と認識してしまうので、恋人としての刺激は少なくなりがち。恋自体を楽しみたいと思う相手とは相性がよくないかも。

2022年からの運勢

2022年と2023年はイヌ商店街の幸運期。特に2022年は出会いが多い年になりそう。2〜3月が一番運気が高い状態になるので、恋をしたい人、何かを始めたい人はここで動くといいでしょう。

さらに詳しくはこちら!!
10年運勢グラフ <<<p.095
あなたに起こる!? キュン♥エピソードまんが <<<p.167

えと村住民ナンバー 11 情熱的なダックスフント

サボリ
横はいり
逮捕します!!

特筆すべき生態

曲がったことが大嫌いな正義感の塊

追い求める夢は途方もなく大きい

意外と恋は奔放なタイプ

【ダックスフント】胴長短足が特徴のイヌ。元々は猟犬だった。

このアニマルの生態

正義感あふれるダックスフントのお巡りさん。 曲がったことが大嫌いで、不正や悪巧みは絶対に許しません。それどころか、ちょっとしたズルや、怠け心がある人までも、キャンキャンうるさく責め立てるようなところがあるので、敬遠される場合も。しかし、この公平さ、ストイックさは組織の中では必要不可欠。その姿勢が、報われる日がいつか必ず来るはずです。一方で、恋は枠にとらわれないタイプ。例えば、超年の差があったり、外国人の恋人ができたりするかもしれません。

ピピー
なまけ罪で逮捕します!!

ダックスフントさんと仲良くなれるセリフ

「一生ついて行きます!」

意見に賛同してくれると心を開きます。ただし、その後の話は長いです。

夢を叶える方法

「ストイックさじゃなくダメダメなところを人に見せることでさらに人気運上昇!?」

自分の夢というよりは、みんなの夢、全世界の夢! ダックスフントさんの追い求めるものは、他のアニマルよりも一段高い理想かもしれません。その情熱的で真っ直ぐな歩みで、大きな成功をおさめる力を秘めています。ただ、理想が高い分、自分だけでなく周りへの要求も厳しくなりがち。しかも、完璧主義者でもあるので、中途半端な気持ちの人を厳しく責め立てるような一面があります。時に正論は、嘘よりも人を傷つけます。ストイックに人生を進むがあまり、孤立してしまう可能性も。

夢を叶える決めゼリフ

今日は気乗りしないからやーめた

なんて、ちょっとダメな部分も人にさらせるようになると人気運が上昇。援助も得られ、さらに夢に近づくはずです。

ぼっ
ボクだってダラダラしたい時もあるんだぞっ
かわいー
ゴロゴロ!

真面目さだけじゃなく、ダメなところも含めて自分。全部さらけだせると人気運UP!

2022年の運勢

やる気に満ちた年になりそう。興味の幅が広がり、行動力もアップ。発想力も豊かに。ただ、好奇心が拡散しすぎて、一つを深めるのではなく、あれもこれもと手をつけてしまうかも。この移り気なところが恋愛面に出ると大きなトラブルになるので注意。

2022年の運命の日

7月4日

最強モテ日。複数の人から同時に告白されるなんてことも!?

【ダックスフントの有名人】
生田斗真、本田翼、桜井日奈子、ムロツヨシ

えと村住民ナンバー
23

商売上手な

チワワ

これが話題の新商品!!

特筆すべき生態

アニマル界トップクラスの商才を持つ

類まれなる表現力と情報発信力

控え目なようで意外と自己主張激しめ

【チワワ】最も小さな犬種と言われている。円らな瞳が特徴。

このアニマルの生態

フォロワー数急上昇中のチワワのユーチューバー。そんな瞳で見つめられたら、要らないものまで買っちゃう！　類まれなる人なつっこさと庶民感覚、卓越した情報発信力を持ち、アニマル界トップクラスの商才を秘めている逸材です。人に可愛がられることがとても上手いので、一人で行動するよりも、大勢の人を巻き込んだ公の場の方が、存分に力を発揮できます。ただし、普段は抑えている主張の激しい面が出てきてしまうと、キャンキャンうるさいだけのイヌだと敬遠されるので要注意です。

今日紹介するのはコチラ！
100万円のドッグフード──！
プルルルルル
バ──ン
ワ──ッ
Dog

チワワさんと仲良くなれるセリフ

「わたしもそれ使ってます！」

愛用品などの共通点があると一気に仲良くなれます。

夢を叶える方法

「実力を表現力が追い抜いてしまう!? 地道に努力を重ねることが夢への近道！」

卓越した表現力を持ち、自分の見せ方を心得ているチワワさん。どう振る舞えば、自分が映えるのかを熟知しています。なので、

夢を叶える決めゼリフ

えー今日はこの商品を紹介しますね！

と何かを宣伝・広報するようなスポークスマン的なポジションを得ると成功しやすいはずです（実は政治家にも向いています）。ただ問題なのは、表現力が卓越しているがゆえに、言っている内容の方が、どうしても実物より良く見えちゃうこと。初対面の印象が良すぎて、回を重ねるごとにバケの皮がはがれる…なんてことがありませんか？　その表現力に見合うだけの実力を身につけること。本当の意味で夢を叶えたいなら、表現力以外も横着せずに地道に磨きましょう。

これを使えばこんなにピカピカに!!
ぐちゃ〜〜

見えるところだけじゃなく、本当のところを磨くことが大きな夢を叶える第一歩です。

2022年の運勢

2022年はチワワさんに強い追い風が吹いています。恋もそれ以外も、面白い出来事がドドドと迫ってきて「どれから手をつけよう！」と嬉しい悲鳴。一か八かの勝負にも強い年です。とても忙しくなるので、疲れすぎにはくれぐれも注意。時折、ちゃんと休息を。

2022年の運命の日

10月20日

最強の幸運日。ここで始めたことは後々重要な意味が！

【チワワの有名人】

玉木宏、橋本環奈、山田裕貴、八村塁

えと村住民ナンバー

35

ワンオペ人気店のオオカミ

手伝いなんかいらねぇよ

特筆すべき生態

一人で全部やっちゃうほうがパフォーマンスは高い

一人がいいのになぜか人が寄ってくる

こだわり強すぎて人との衝突は多め

【オオカミ】イヌの祖先。群れで行動し、集団で狩りをする。

このアニマルの生態

行列ができるラーメン店のこだわり強め店主のオオカミ。従業員は雇わず、いつもワンオペ。その方が、自分の力を発揮できることを分かっているからです。全て自分でやらないと気が済まない性分なので、誰かが協力してくれようとしても、ことごとく拒んでしまうところがあります。とはいえ、なぜか人をひきつけてやまないカリスマ性があり、周りには常に人が集まってきます。全てがべったりな関係は無理だとしても、適度な距離をとって長年つきあってくれる友達は大切に。

他人の手は
借りない！
おおー

オオカミさんと仲良くなれるセリフ

「弟子にしてください」

実は師弟関係に憧れがあるので、弟子として懐に潜り込みましょう

夢を叶える方法

「しがらみを捨てて思い切って一人を選択する方が結局上手くいく!?」

凝り性でオタク気質。一つのことを極める情熱に関しては、アニマル界で一、二を争います。別に誰の力を借りるでもなく、いつの間にかその分野でナンバーワンになり、目標を達成してしまう強者です。ただ、自分一人で磨き上げた能力に対するプライドは並々ならぬものがあり、特に目上の人と上手くいかずに、集団を飛び出すということが多いかも。

夢を叶える決めゼリフ

オレは一人で生きる

とまさに「一匹狼」的な自由な生き方をした方が、それで少々ダメージを被ることがあったとしても、結果的に上手くいくことが多いでしょう。また、年下からは絶大な支持を受けることができるので、目下の人とどうつきあうかが目標達成の鍵かも。

お世話になりました…
一匹狼

ずっと我慢してストレスをためるくらいなら、一人になってしまうのもありです。

2022年の運勢

人間関係が広がり、急に人と関わらなければならない場面が増えます。恋もお金も、入ってくるものも多いですが、出て行くものも多い年かも。でも、それは、本物の恋、本物の商いのための先行投資。本当の意味で夢が叶うのは2023年。その助走はすでに始まっています。

2022年の運命の日

2月19日

この日から運気がどんどん上昇。何か始めたいならここから。

【オオカミの有名人】
亀梨和也、北川景子、藤田ニコル、中島健人

えと村住民ナンバー

47

困難に打ち勝つ

セントバーナード

ハッ
雪山が呼んでいる!!

特筆すべき生態

頭のどこかでスリリングな刺激をずっと求めている

心には熱い情熱と使命感

自分より人のことを優先しがち

【セントバーナード】大型のイヌ。雪中遭難救助犬として有名。

このアニマルの生態

働き者のセントバーナードの食堂のおばちゃん。穏やかな性格でいつもニコニコ、あたたかい雰囲気でお客さんを迎える癒し系。でも、本来は雪山で遭難者を助ける山岳救助犬。内面には、さわるとヤケドするほど熱い情熱と使命感を持っています。普段は、日々の生活を黙々とこなす静かなタイプなのですが、時々、「あの雪山が私を呼んでいる!」と、非日常的でスリリングな刺激を求めるようなところが。本当は平凡な道では満足できず、あえて茨の道を進みたくなるMっ気を秘めています。

うず
あの雪山に行かなくちゃ!!
うずっ

セントバーナードさんと

仲良くなれるセリフ

「一緒にやってもいいですか?」

行動をともにする人を求めているので、一緒に何かするのを提案しましょう。

夢を叶える方法

「時には後先を考えない無謀な行動をした方がいいかも!?」

本当はもっとスケールの大きな夢に向かって、飛び立ちたい欲求を持っているタイプ。ただ、それ以上に周りの人のことを最優先で考えてしまう性分なので、「何かを犠牲にしなければならないのなら今のままで…」とその冒険には二の足を踏んでしまっているかもしれません。でも、周りの人だってセントバーナードさんが飛び立つのを応援したいかもしれないですよ? その内に秘めた情熱と不断の努力で、どんなに大きな目標も叶えてしまうパワーを持った大器だということを、皆も知っているはずです。チャンスが巡ってきたら、と後先考えないくらいの行動を起こした方が人生は上手く回ります。

夢を叶える決めゼリフ

私、行ってくる!

みんなのこと心配だけど
私
行ってくるわ!!
行ってらっしゃーい!!

絶好のチャンスがめぐってきたのなら、周りのことを考えずに飛び込みましょう!

2022年の運勢

2年間続く天中殺に入ります。そのせいか、半端なく気が緩み、普段なら考えられないことをしがちな年に。後から考えると全く必要ないものを爆買いしてしまうかも!? 欲望に素直になりすぎるので恋愛トラブルにも注意。自分を戒めてくれる人を大切に。

2022年の運命の日

6月10日

あなたの心に大きな影響を与えるような人に巡り会えるかも!?

【セントバーナードの有名人】

羽生善治、麻生久美子、二階堂ふみ

えと村住民ナンバー

59 社長の器を持つ ラブラドール

この時の彼の気持ちは…

特筆すべき生態

- 実は大きな器を持つ隠れた大物
- 相手が何を考えているかを見抜く
- 超のんきで動き出すのは遅め

【ラブラドール】大型のイヌ。盲導犬や警察犬として活躍。

このアニマルの生態

ラブラドール・レトリーバーの紳士。盲導犬だけあって、人の心を読みとる力に長けています。のほほんとしているように見えますが、実はリーダーになる資質を備えた大きな器を持つタイプ。たくさんの人を巻き込んで、思い切った生き方ができるので、どんな集団に属していても、頭角を現します。ただ、のんびり屋で、是が非でも！という人よりも前に出ていくようなところが全くないので、人生が動き出すのは遅め。でも、大きな波乱を経るほど、才能を大きく開かせる運命を持ちます。

お見通し
君はこう考えているんだよね？
！

ラブラドールさんと仲良くなれるセリフ

「ありがとう！上手くいった！」

人の役に立つことが大好きなのでその感謝を伝えるとキュン！

夢を叶える方法

「大事なところは人任せではダメ！自分のタイミングで動き出せ！」

人との争いを好まず、なんでも受け入れてしまう懐の広さがあるため、縁が向こうから寄ってきます。周りから信頼されるので、たくさんの人とのつながりの中から自分の夢への扉が開くことが多いでしょう。また、人と協力することで、一人では成し得ない大きな成功も手にすることができるはずです。ただ、人となじみやすい分、人の意見に大きく左右される傾向には注意。急かされて自分のペースがつかめずに失敗したり、人任せにしてしまったがために機会を逃してしまったり…。ここぞというときには、

夢を叶える決めゼリフ

私のタイミングで！

動きましょう。その方が納得のいく結果を導き出せるはずです。

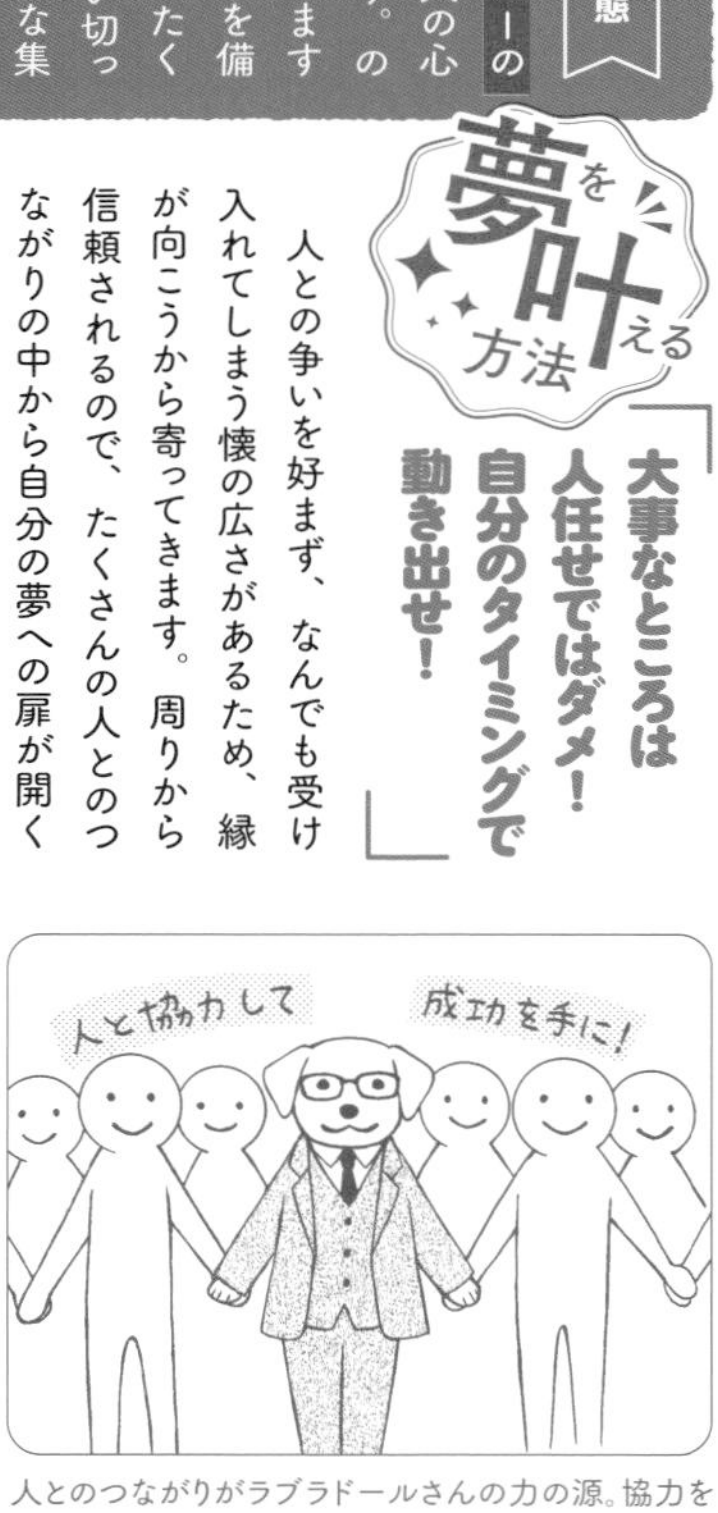
人と協力して
成功を手に！

人とのつながりがラブラドールさんの力の源。協力を得ることで、大きな目標も達成できます。

2022年の運勢

2年間の天中殺の運気が終わり、あなた自身も、周囲の環境も変わる時。自分を第一に考えて、もし今の居場所がふさわしくないと感じたら、迷わず他へ移ってしまうことも。その意味では、離別や新しい出会いが多い年ですが、大きな夢に向かってのスタートの年にもなります。

2022年の運命の日

3月14日

魅力が高まる日。ホワイトデーのお返しに期待しましょう。

【ラブラドールの有名人】
綾瀬はるか、小池百合子、ビル・ゲイツ

夢が叶うのはいつ!?

イヌ商店街の住民の

10年運勢グラフ

2032年までの各アニマルの運気グラフです。
夢に向かって動き出すタイミングは、いつ!?

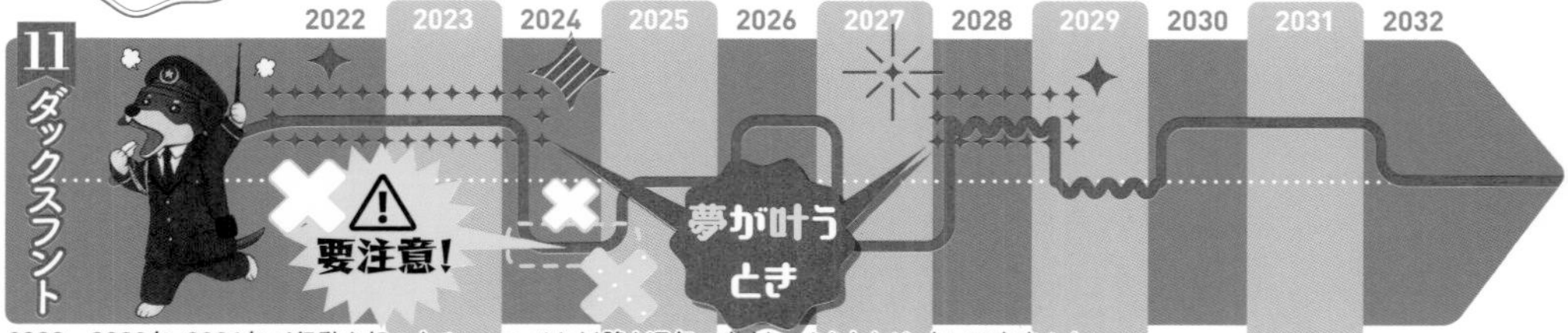

2022～2023年、2026年が行動を起こすチャンス。それ以降も運気の高まりはありますが、少し不安定かも。

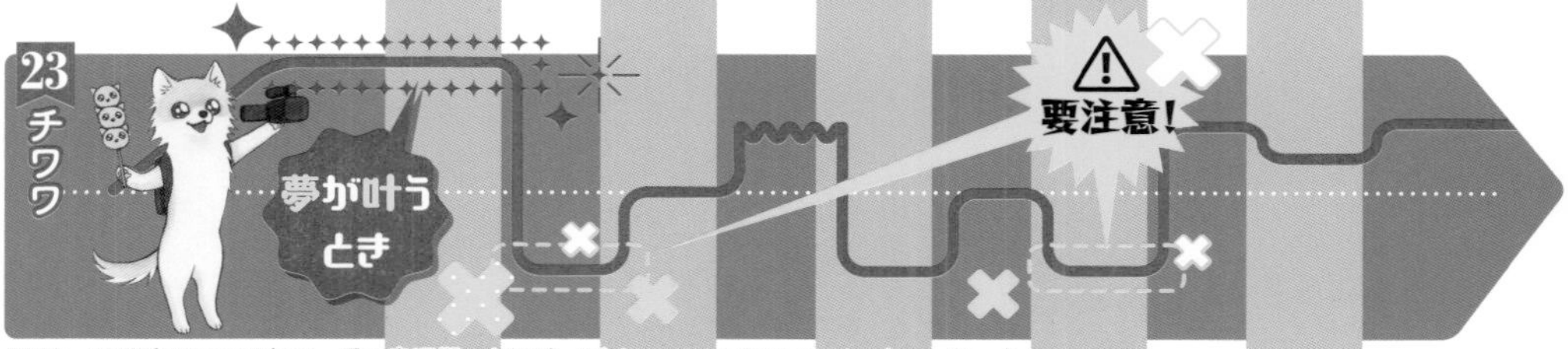

2022～2023年がここ10年で一番の幸運期になりそう。やりたいことはぜひここでやっちゃいましょう。

何か始めたいなら2022～2023年に行動を。すぐ後の2024年に、何かが「終わる」暗示のある大リセット運が。

何がが終了する暗示のある2024年、大成功を得る2026年を経た2030年に何か大きな決断をしそう。

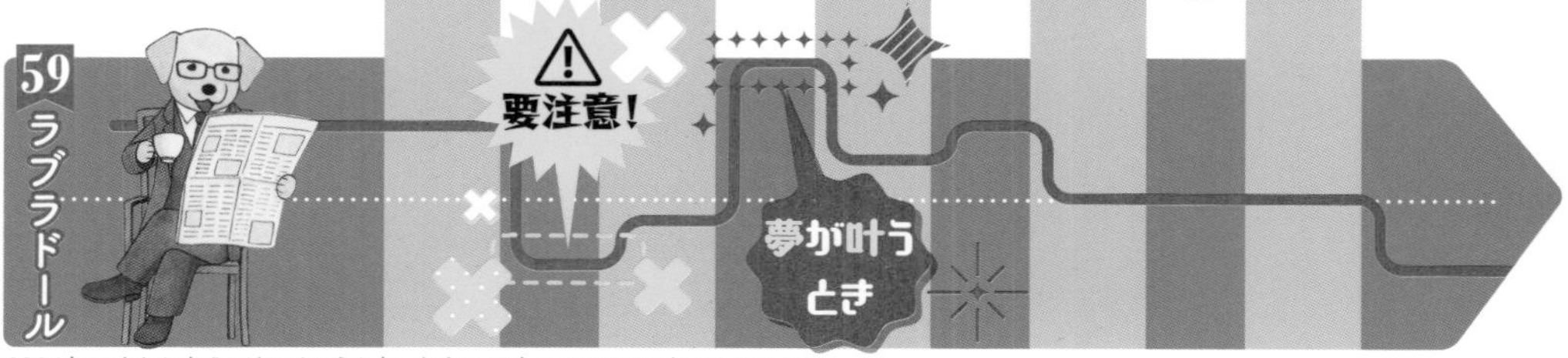

2024年は大きな変化が起こりそうな年。出会いが多いのは2026年からになりそう。

＼ 謎めいた雰囲気が魅力！ 舞台度胸満点のパフォーマー！ ／

イノシシ劇場の住民たち

ミステリアスな空気をまとった個性的なサーカス劇場。いざ本番!となって

スイッチが入ったときには並外れた集中力を発揮する住民たち紹介!

12 度胸のある **アリクイ** <<< p.098

36 鼻息の荒い **イボイノシシ** <<< p.100

24 霊感の強い **バク** <<< p.099

60 漫才師な **ミニブタ** <<< p.102

48 名参謀な **アルマジロ** <<< p.101

この子に手を出すな！
情熱のジャグリング!!
お悩み…聞きましょう
さあさお立ち会い！
はいどーもー！

イノシシ劇場のスローガン

不器用だっていいじゃない

亥

基本的な生態

目標に向かって猪突猛進！その不器用さこそ最大の魅力のもと！

小さいことにはこだわらない穏やかな生態なのですが、目標を見定めた瞬間、急にスイッチが入ります。内に秘めている猪突猛進な力を爆発させて、瞬く間に目標をクリア！ その集中力と迫力は、他のアニマルの追随をゆるしません。ただ、興味がないことに関しては信じられないほど淡白。自分が好きなことはマニアックすぎるほど深掘りするのに、それ以外はその存在すら知らなかったりします。だから、一つのことはプロ級なのに、他の全てがまるでダメ…という難易度高めの人生を歩むことも。しかし、この不器用さこそがイノシシ劇場の住民のミステリアスな魅力を生んでいます。気づいていないだけで、他のアニマルから憧れられる存在なのです。

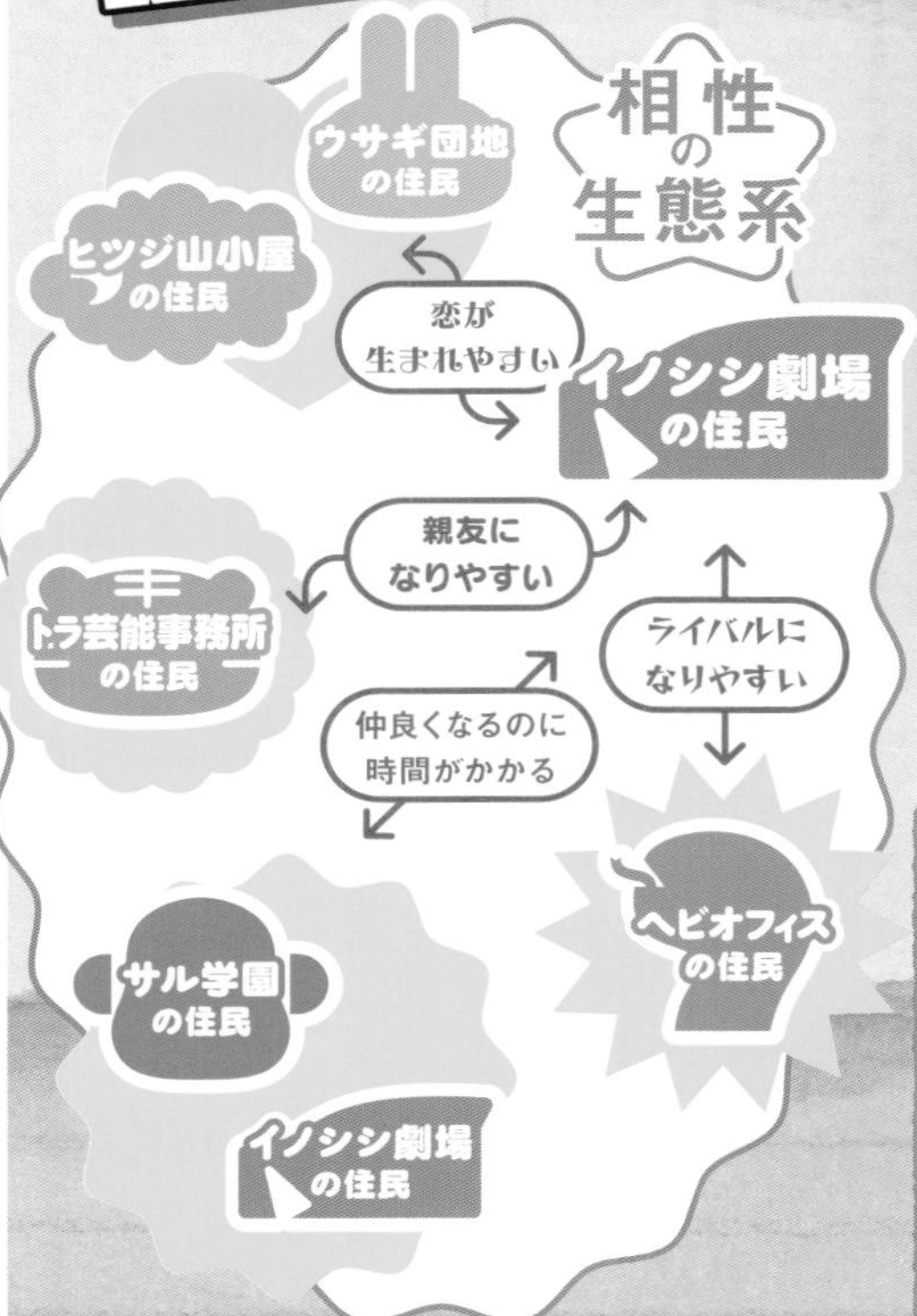

恋愛の習性

そもそも駆け引き自体が無駄!? ド直球な勝負が恋成功の鍵!!

無邪気で、感情表現豊か。自分の感情を全く隠せない習性を持っています。しかも、興味のない人には完全なる塩対応。たぶん、恋をしていることも、誰のことが好きなのかも、誰に興味がないのかすら、周りのみんなにバレバレです。だから、恋の駆け引きをしたり、作戦を練ること自体が無駄。当たって砕けろの精神で、素直に相手に気持ちをぶつける方法が、イノシシ劇場の皆さんには一番向いているはずです。

恋愛を始めると一途に愛を貫きます。ただ、一途すぎて、的外れな行動をしてしまっても気づかない鈍感さを持っているので要注意。上手く気を回そうとせずに、相手に「どうしてほしいか」「どうしたいのか」「何が嫌か」と、率直に聞いてみるのが一番でしょう。

2022年からの運勢

2022年と2023年はイノシシ劇場に空前の幸運期が訪れます。ただし、2025年には大変化運がやってきて何かが「終わる」暗示。それまでに、やりたいことは実行に移しましょう。

さらに詳しくはこちら!!
10年運勢グラフ <<<p.103
あなたに起こる!? キュン♥エピソードまんが <<<p.173

えと村住民ナンバー

12

度胸のあるアリクイ

私が相手だ!!
度胸

特筆すべき生態

肝がすわっていて いざというときの行動力あり

不器用に見えて 意外と世渡り上手

一風変わった相手と恋をする

【アリクイ】細い口が特徴。主食は蟻。威嚇の時、仁王立ちする。

このアニマルの生態

一芸に秀でたアリクイの舞台役者。

いざというときは仁王立ちのポーズをとって威嚇！　勇敢に敵を追い払ってしまう、度胸満点な性格をしています。食べるのは蟻だけの超偏食家という不器用な生き方をしているように見られがち。当の本人もそう思いこんでいますが、人との距離の取り方が絶妙で、実は世渡り上手なタイプです。自分が盾になってでも人をかばうような性格もあいまって、人に頼られる存在になります。一方、変わった恋をする運があり、芸能人との秘密の恋をする可能性も!?

ここを通りたければ
私を倒してから行け！

✦アリクイさんと
仲良くなれるセリフ

「ブラボー！　ブラボー！」

自身よりは、作ったものや選んだものを思いっきり誉めちぎるのがいいかも。

夢を叶える方法

「人を頼った方が前進できますが合わせっぱなしなのはNG！」

生涯を通じて一つのことにこだわって突き進む方が、運が開けるタイプです。意外と器用ではあるのですが、同時に二つ以上のことをこなすのは苦手。一点集中にかける人生の方が成功しやすいでしょう。一人でも生きていけるタイプですが、大きく動きたい時は、誰かを頼った方が上手くいきます。ただ、人を信用するとその人のやり方に合わせっぱなしになり、自分の本領を発揮できずに、知らず知らずのうちにストレスをため込んでしまうことも。関係に違和感を感じたときには、

夢を叶える決めゼリフ

独り立ちします！

と決別する選択を。恋は一途ですが、100％合わせてくれる相手じゃないと長続きしないかもしれません。

次はマグカップの中のコーヒーに浮かぶホコリの役だよ
セリフはなし！
台本
僕やめます!!
こんな時は
独立!!

無理して人に合わせるのはNG。合わないなと思ったら、NOを突きつけるのが大事です。

2022年の運勢

大きな成功を手にする年になりそう。今までやってきたことが評価されて、賞や資格なども獲得できます。今までの積み重ねを今の恋や仕事などに生かすと、さらなる発展が期待できます。目上の人や先輩に可愛がられるので、懐いてたくさん学びましょう。

2022年の運命の日

7月25日

モテ日。魅力がぐんと増すので、告白するならこの日に！

【アリクイの有名人】
沢村一樹、剛力彩芽、永瀬廉

えと村住民ナンバー

24 バク

霊感の強い

あなたの思い
吐き出してみて
ください…

特筆すべき生態

アニマル界No.1の霊感の持ち主

たくさんの人と
触れ合いすぎると病む

意外と選り好みが激しい

【バク】夢を食べる霊獣「獏」に似ているため、この名が付いた。

このアニマルの生態

悪夢を食べてしまうという噂のあるバクの占い師。霊感があるのかと思われるほど鋭すぎる感性の持ち主です。人の思いを受け入れて癒す、セラピストのような生き方が似合います。ただ、感受性があまりにも強いので、たくさんの人の思いをいっぺんに受け入れてしまうと、食中毒をおこすかのように気持ち悪くなってしまいます。特に悪意を持つ人とふれあってしまうと、一気に気持ちが不安定に。そんな時は、無理せず一人になってクールダウン。定期的に孤独な時間が必要なタイプです。

気持ち悪く
なってきた〜〜
悪意
悪意

バクさんと仲良くなれるセリフ

「話聞かせて!」

話を聞く側に回ることが多いバクさんを逆にインタビューすれば心を開いてくれそう。

夢を叶える方法

「理解してくれる人を少しずつ増やすそれが周りの人も幸せにする鍵!!」

バクさんは実際の目ではなく、心の目で世界を見ています。人と話しているようで、実はその人の魂と話してるんじゃ…!?なんて勘違いをされるほど。その独特の感覚や考え方は、多くの人には理解できないのかもしれません。しかも、意外と好き嫌いが激しい性格なので、苦手な人と触れあって嫌な思いをするくらいなら夢なんか見ない方がまし!と内にこもりがち。でも、バクさんの感覚は、多くの人に違った見方を示す道標になります。それを自ら封印するのは本当にもったいない。

夢を叶える決めゼリフ

この人なら私をわかってくれるかも!

と思える人を人生の中で少しずつ見つけていきましょう。自分だけでなく周りの人も幸せに導けるはず。

その考え変だよ
おかしい!
ありえない!
変えなくてよかった…
そんな見方もあるんだね!
新しい!

どれだけ理解されなくても、わかってくれる人は絶対にいます。その感性を大切に。

2022年の運勢

運気自体は非常に高いのに、周囲に合わせることに必死で、自分のことが後回しになってしまうことがあるかも。時々、自分のしたいことって何だっけ?と確認しながら、歩みましょう。そうすれば、あなたの人生を劇的に変える素敵な出会いがきっと待っています。

2022年の運命の日

2月4日

ここから3月が終わるまでが空前の幸運ゾーン。やりたいことはここで。

【バクの有名人】
竹野内豊、横山裕、片寄涼太、ミキ昂生、藤井風

えと村住民ナンバー
36
鼻息の荒い

イボイノシシ
Go To 危険な道!!

特筆すべき生態

険しい道を選んだ方がイキイキする

思いついたことは即実行!

ただし失敗は多め

【イボイノシシ】サバンナに暮らすタテガミが特徴のイノシシ。

このアニマルの生態

危険だと分かっていても…いえ、危険だと分かっているからこそ火の輪をくぐってしまうイボイノシシの曲芸師。一見、穏やかな生活を好むように見えますが、実は困難な道を歩んでいる時の方が輝くタイプです。思いついたことを深く考えずに次々と実行するので、自然と浮き沈みの激しい人生になりがち。「それ大丈夫?」と周りから思われることでも…というか、そういうことの方が燃えてしまうので、ちゃんとしているようで失敗も多め。でも、そのシクジリをバネにして進む底力があります。

大丈夫——!?
DIVE!!

夢を叶える方法

「悩むことは時間の無駄!? ときには人に丸投げして大成功を手に!!」

失敗したからといってその歩みを止めないことが成功の鍵です。うまくいかないときほど人の言うことに左右されがちで、アドバイスを聞きすぎるとかえって身動きがとれなくなり、みすみすチャンスを逃してしまうのです。悩んだとしても、結局は人の意見ではなく、最初から自分が考えていたことを実行する場合が多いはず。悩むくらいなら、自分の感覚を信じて進む方が夢は近づきます。また、言葉で人をやる気にさせるのがとても上手いので、せっかく思いついたことだけど自分には向かないな…と思うことは、人にゆだねてみると、予想以上の結果を生むはずです。

この仕事キミにしか頼めないんだ!
がしっ
やります!!

自分ができないことは、他の人に任せてみましょう。思ってもみない面白い結果になるかも。

夢を叶える決めゼリフ

キミしか任せられない重要な仕事があるんだ(キリッ)

イボイノシシさんと仲良くなれるセリフ

「耳よりな話があるんだけどね…」

「お得」なことに弱いので、情報提供するとお近づきになれます。

2022年の運勢

「正攻法」が功を奏する年になります。「隠しワザ」や「チート」的なことをすると、逆に遠回りになってしまう暗示があります。反対に、真正面から物事をこなすと大きな成功を手にできるはず。基本に忠実に、コツコツ努力をする方が近道になるときです。

2022年の運命の日

3月3日

出会い運が最高の日。
生涯のパートナーと出会えるかも!?

【イボイノシシの有名人】
中島みゆき、城田優、野村周平

えと村住民ナンバー

48

名参謀な

アルマジロ

さあここで次の演者の登場ー!!
今だっ

特筆すべき生態

神懸り的なタイミングのよさ

補佐役など二番手の位置で大活躍

ロマンチストで妄想大好き!

【アルマジロ】全身を硬いうろこ状の甲で覆われた生き物。

このアニマルの生態

機をみるに長けたアルマジロの劇場支配人。 とってもロマンチストで、いつも固い殻の中で夢想しているようなところがあります。のんびり屋で防御専門、戦いは苦手な平和主義者です。トップに立ったり、表立って目立つようなことをするよりも、ナンバー2の地位で誰かの補佐役に回っているときの方が輝くタイプ。超能力があるのか!?と思うくらい感覚が鋭く、ここぞというときのタイミングの良さは神懸り的。どんな集団にいても名参謀として、なくてはならない存在になります。

タイミングの
今です!
神

アルマジロさんと仲良くなれるセリフ

「そこがダメだと思う!」

裏を読む性格なのでお世辞は逆効果。逆にMっ気を刺激する方がありかも。

夢を叶える方法

「尊敬できる相棒を見つけることが大きな夢を叶える最短ルート!」

アルマジロさんが追うのは「自分の夢」というよりは、「我々の夢」であることが多いはず。一人で何かをするというよりは、集団や、もしくはバディを組んで夢に向かう方が性にあっているし、実際その方が上手く力を発揮できるのです。つまり、アルマジロさんが成功をつかむポイントは、いいパートナーを見つけること。応援したい相手、尊敬できる相手と一緒に行動することで、夢がぐっと近づきます。もし今がソロ状態なのだとしたら、気になる人がいればさっさと、

夢を叶える決めゼリフ

キミ、いいねぇ一緒にてっぺん目指さない?

とスカウトしちゃいましょう。もしパートナーがいるなら、その人の背中を押すことで、自分も一緒に高みに上っていけるはずです。

1人よりも誰かと一緒に!
一緒に世界一を目指しましょう!!

夢を追いたいなら、まずは相応しいパートナーをスカウトすることから!

2022年の運勢

運気が不安定な天中殺に入るため、何気なく発した言葉が、意図せず誰かの気に障る…なんてことが起こりがち。「余計な一言」には注意。対人運はイマイチですが創作運は抜群。クリエイティブな作業に集中すると意外な才能が開花して、みんなを驚かせるかも。

2022年の運命の日

7月13日

努力が報われる日。何かいい知らせがやってくるかも。

【アルマジロの有名人】
福士蒼汰、草彅剛、石田ゆり子、フワちゃん

えと村住民ナンバー 60

漫才師なミニブタ

なんでやねん!!
ゆうとりますけども!!
サービス精神☆

特筆すべき生態

トップに君臨できる大きな器

サービス精神旺盛で芸能の才能あり

なにもしてないように見えて陰の努力がスゴイ

【ミニブタ】小型化されたブタ。ペットとしてセレブにも人気。

このアニマルの生態

類まれなるサービス精神とエンタメ性を持つ天才漫才師のミニブタ。

卓越した芸能の才能を秘めています。気取らない開けっぴろげなところが人をひきつけるので、美しさや上品さが必要な正統派なモデルや俳優ではなく、お笑いなどのサブカル方向で大成しそう。感性は細やかにして強靱。見かけは軽やかに生きているようで、忍耐強く知識と経験を積み重ねる努力の人です。スポットライトが当たるような場所のみならず、どんな分野でも「陰の実力者」として一目置かれる存在になる器です。

超努力家
ネタ帳

夢を叶える方法

「真ん中ではなく道を外れたところに大成功の種が転がっている!」

選ぶ道を間違えなければ、必ずその世界で頭角を現す希有な才能を持っている逸材です。肝心なのはその道の選び方なのですが、決まりきった王道というよりは、そこから逸れた脇道に成功が転がっているパターンが多いはず。人が見過ごすような些細なものにスポットを当て、見事に光らせる能力に長けているからです。

夢を叶える決めゼリフ

残りモンに福がありまっせ

の精神で、人が選ばない方をあえて選ぶのが、成功への近道になるでしょう。また、ミニブタさんの真骨頂は「ぶっちゃけトーク」です。格好をつけたり、見栄をはったりしなければならない場所では能力を発揮できません。自由に自分をさらけ出せる場を見つけることも夢への第一歩です。

なんかええモンないかいな♪

みんなが進む大きな道よりは、あまり人が行かない小道に、その才能を輝かせる種が!

ミニブタさんと仲良くなれるセリフ

「もう一回、あの話して」

人に影響を与えたいタイプなので過去にした話を覚えていてくれるとキュン!

2022年の運勢

2年間の天中殺の運気が終わり、以前とは少し違うステージの幕が開くような年です。人間関係もガラリと変わり、意外な人と仲良くなり、今後の重要なキーパーソンや場所との出会いがある時。たくさん友達を作って、みんなでできる楽しみを見つけましょう。

2022年の運命の日

7月7日

この日から8月6日は何かを始めることに大きな後押しが!

【ミニブタの有名人】
明石家さんま、タモリ、長谷川博己、鈴木伸之

夢が叶うのはいつ!?

イノシシ劇場の住民の
10年運勢グラフ

2032年までの各アニマルの運気グラフです。
夢に向かって動き出すタイミングは、いつ!?

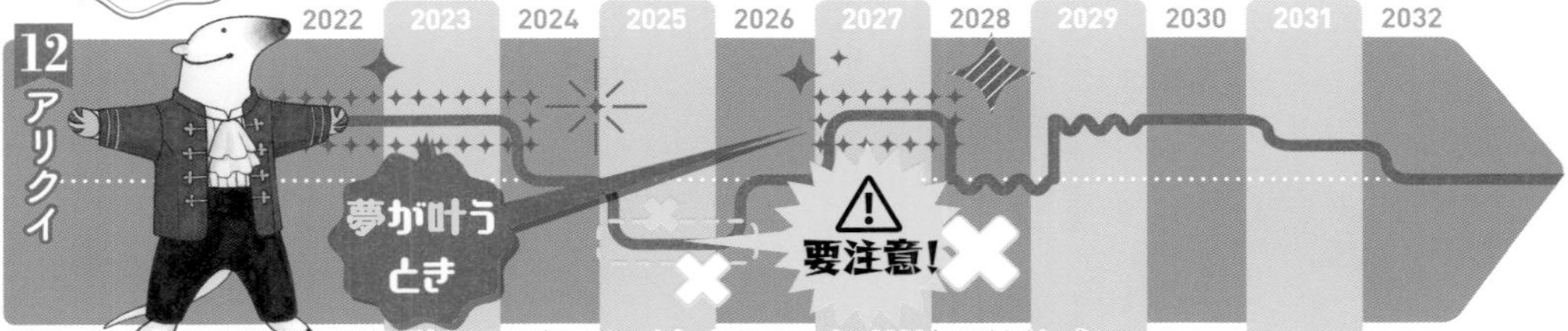

2022～2023年、2027年がいい運気が流れるとき。恋をしたいなら、出会い運のある2023年に動きましょう。

2022～2023年の幸運期のあとに運気は低迷。できれば、この2年間でやりたいことは実行しましょう。

2025年は、「ゼロに戻る」暗示のある大リセット運。それまでは運気が高いので、動くなら早いうちに。

2031年に大きな決断をする暗示。2025年にやってくる「リセット運」で重荷を捨て、2027年で新たな何かを始めそう。

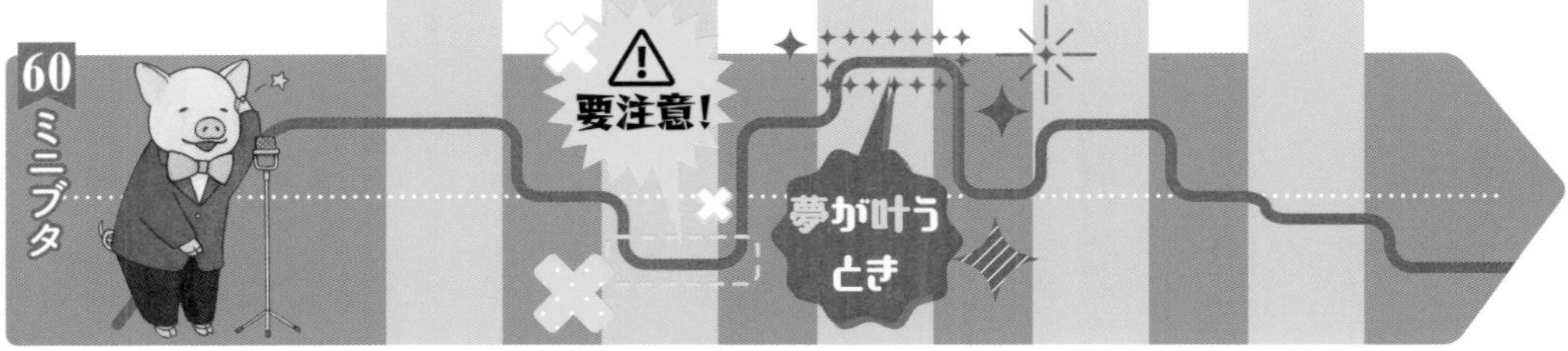

2025年は大きな変化がありそうですが、それ以外は運気高めな10年。大きなチャンスは2027年に。

水晶玉子 *Tamako Suisho*

【すいしょう　たまこ】占術研究家。東洋・西洋の枠を超え、様々な占術を研究する。宿曜経にインド占星術を加えた独自の占い体系「オリエンタル占星術」を発表し、大反響を呼ぶ。「SPUR」「MEN'S NON-NO」の12星座占いの連載のみならず、携帯占いサイトなど様々なメディアで活躍中。

水晶玉子のオリエンタル占星術
幸運を呼ぶ365日メッセージつき 開運暦2022
大好評発売中!

森月あめ *Ame Moritsuki*

【もりつき　あめ】少女まんが家。2014年『マーガレット第25回まんがゼミナールSUPER』にて準入選を受賞しデビュー。男子高生・敢自と動物たちの日常を描く『あにまる荘202』をマーガレットで連載中。ほか『叶恋どうぶつえん』(全2巻)が好評発売中。

愛蔵版コミックス『あにまる荘202』
①②大好評発売中!

試し読み&購入はこちらからも▶▶▶

あなたに起こるかもしれない

キュン♥エピソードまんが

Kyun Episode Comic

少女まんが誌マーガレットとのコラボで実現!
2022年の運勢をもとに、もしかするとあなたに訪れるかもしれない
ドキドキのラブシチュエーションを少女まんが化しました。
少女まんがを卒業された方も、
いつまでも変わらぬ恋のドキドキをぜひ楽しんでください!

マーガレット少女まんが家ご紹介!

ウシ

道場の住民さんに
起こるかもしれない

キュン♥エピまんが <<<p.113

まんが:花松あやか

転校したら乙女ゲームのヒロイン!? 男子5人全員と恋しないと転校初日にループさせせられてしまうヒロインを描いた『神様が恋をしろと言っている!』全5巻発売中!→

ネズミ

農園の住民さんに
起こるかもしれない

キュン♥エピまんが <<<p.107

まんが:ほしの瑞希

恋愛経験0・いろはの初めての彼氏は、一癖ある恋愛上級者! 「愛が重すぎる」ラブコメ『みにあまる彼氏』をマーガレットで連載中! コミックス情報はコチラ→

ウサギ

団地の住民さんに
起こるかもしれない

キュン♥エピまんが <<<p.125

まんが:日下あき

超エリート男子×純情ギャルの"世界一キスまで遠い"ラブコメ『はやくしたいふたり』を「マーガレット」で連載中! コミックスは5巻まで発売中!→

トラ

芸能事務所の住民さんに
起こるかもしれない

キュン♥エピまんが <<<p.119

まんが:緒川あお

死体に呼ばれる死神JK・あんく×御曹司刑事・兼盛の謎解きミステリー『アンクールデッド』が各電子書店にて全37巻で配信中! 試し読み・購入はこちらから→

ヘビ
オフィスの住民さんに
起こるかもしれない
キュン♥エピまんが <<<<p.137

まんが:**細堀ゆかり**

イケメンだけどヘタレな兄とグイグイ強引な妹の、イケナイ!? 義兄妹カップルラブコメ!『兄が彼氏で、ごめん。』全4巻発売中!

コミックス情報はこちら→

タツ
工務店の住民さんに
起こるかもしれない
キュン♥エピまんが <<<<p.131

まんが:**菜々川さらり**

オリンピックでバレーに憧れた超初心者が強豪校で下克上!? 「勇気をもらった!」と話題の"青春バレー物語"『ラリーゲーム』を連載中。電子版も好評配信中です☆→

ヒツジ
山小屋の住民さんに
起こるかもしれない
キュン♥エピまんが <<<<p.149

まんが:**ゆきら**

親に縛られて生きてきた女子・千瀬が、自由に夜を駆ける不良男子・朝比と出会い、生き方が変化する——。『さいはてのポラリス』が各電子書店にて全9巻で配信中!→

ウマ
駅の住民さんに
起こるかもしれない
キュン♥エピまんが <<<<p.143

まんが:**ゆず未来**

外見は美少女、中身はオッサンなJK・澪と、からかいドS教師・白川先生によるニヤニヤキュンなラブコメ『この教師、絶対わざと。』3巻まで発売中!→

トリ
レストランの住民さんに
起こるかもしれない
キュン♥エピまんが <<<<p.161

まんが:**みやの真琴**

崇拝系女子が時を超えて…憧れの彼を幸せにしちゃいます!? 先が気になるタイムリープラブコメ『おやすみリバイバル』電子版全8巻好評配信中→

サル
学園の住民さんに
起こるかもしれない
キュン♥エピまんが <<<<p.155

まんが:**雨花深衣**

ビビりで自信皆無の高身長女子が生意気低身長男子に出会って変わる! 究極の身長格差ラブ『やっと君とめぐり逢えたんだ』、電子版全15巻で絶賛発売中!→

イノシシ
劇場の住民さんに
起こるかもしれない
キュン♥エピまんが <<<<p.173

まんが:**ひない菜月**

ヴァンパイアのお嬢様VS超ナマイキな専属使用人の"主従逆転ラブバトル"!? 代表作『濃密ハニーブラッド』(全10巻)を始め、ツンデレ満載の人気作品を多数配信中→

イヌ
商店街の住民さんに
起こるかもしれない
キュン♥エピまんが <<<<p.167

まんが:**紅雨ぐみ**

優しくてかっこよくて勉強も運動もできる完璧な転校生・明日見凜の本性は…? 『明日見凜には惑わされない』が各電子書店にて好評配信中!→

イケメン
ネズミ農園の住民さんに起こるかもしれないキュン♥エピソードまんが
ほしの瑞希
からの
突然《とつぜん》の告白《こくはく》
返事《へんじ》は
もちろん

ごめんなさい!!
子原《こはら》はつね
17歳《さい》
都合《つごう》の良《よ》い話《はなし》には
絶対《ぜったい》何《なに》か裏《うら》がある
と思《おも》う性分《しょうぶん》
…なんでか
聞《き》いていい?
えっ!?
え…
えーっと…
なんか
胡散臭《うさんくさ》いとは
言《い》えないしな…
全然《ぜんぜん》喋《しゃべ》ったことないし
あなたのこと
よく知《し》らないので…
…俺《おれ》
綾川《あやがわ》玲央《れお》
っていいます
あ
名前《なまえ》は知《し》ってる
有名《ゆうめい》だから
有名《ゆうめい》?
学校中《がっこうじゅう》の女子《じょし》に
いつも
キャーキャー
騒《さわ》がれてるよね
イケメン王子って
へー…
無自覚《むじかく》
キャー♡♡
尊いお顔よ〜!!
…
友達《ともだち》からでも
ダメ?

ともだち…
俺《おれ》のこと ちゃんと知《し》ってから 考《かんが》えてくれていいし
返事《へんじ》なら俺《おれ》 3年《ねん》くらい 待《ま》てるから…
長《なが》すぎて 逆《ぎゃく》に怖《こわ》い
…あの
どうして 私《わたし》なの…？
……子原《こはら》さんは

見《み》かけると追《お》いかけたくなって…
触《ふ》れてみたいし…口《くち》の中《なか》に入《い》れてみたいから…
いやいやいやいやいや怖《こわ》い怖《こわ》い怖《こわ》い怖《こわ》い
なんかこの人《ひと》人間的《にんげんてき》にやばそうだぞ…!?
あの…ごめん…
友達《ともだち》になるっていうのもちょっと…
……
ずーーん…
そっ……
うわあめちゃくちゃ落《お》ち込《こ》んじゃった!!
か………
遠っ
意外《いがい》と喜怒哀楽《きどあいらく》激《はげ》しいんだな―…

花松あやか

ウシ道場の
住民さんに起こるかもしれない
キュン♥エピソードまんが
「焦《あせ》らず
地道《じみち》に」が
ぼけらぁ
モットーでは
ありますが
…たり
集英塾
佐渡《さわたり》
口開《くちあ》いてる

あほづら
久喜《くき》!
あれ…え?
ガヤ
ガヤ
授業《じゅぎょう》終《お》わってるボーとしすぎ
うそー…
ゆか達《たち》はー?
先帰《さきかえ》った用事《ようじ》あるんだって
声《こえ》かけてくれればいいのに
…何《なに》か考《かんが》えごと?
最近《さいきん》少《すこ》し悩《なや》んでる

告白《こくはく》されたぁ？
は？つき合《あ》うの？
やー それは断《ことわ》ったんだけど
でもさぁ
来年《らいねん》はもっと忙《いそが》しくなるから今《いま》を楽《たの》しむべき！とか
息《いき》ぬきしようよ！って力説《りきせつ》されて
息《いき》ぬきもした方《ほう》が効率《こうりつ》いいのかなーって
あほらしっ

佐渡《さわたり》息《いき》ぬきが必要《ひつよう》なタイプじゃないじゃん
むしろ遊《あそ》んでるヒマなくね
要領《ようりょう》悪《わる》いんだから
それもそうか
要領いいやつむかつく
まー勉強《べんきょう》のための悩《なや》みだし
結局《けっきょく》勉強《べんきょう》に集中《しゅうちゅう》した方《ほう》がいいかぁ
そーそ
しっかりしてくれよ同《おな》じ大学《だいがく》目指《めざ》す仲間《なかま》なんだから

目指《めざ》せ上京《じょうきょう》!!
こんな田舎《いなか》ぬけ出《だ》してやんぜっ
その意気《いき》だ
うんうん
悩《なや》む必要《ひつよう》ないや
私《わたし》のペースで頑張《がんば》ろ
受験《じゅけん》終《お》わってもさ
俺《おれ》は佐渡《さわたり》といたいんだから

うん?
うん!
……
地道《じみち》に
はー
そもそも
お前《まえ》に彼氏《かれし》とか
早《はや》いわ
私《わたし》も
そう思《おも》う
気長《きなが》に

ウシ道場の住民さんの 2022年の運勢

誰もいない道場で、一人静かに座禅を組んでいるような運気。2022年は、「静観」という言葉がぴったりな、あまり動かず過ごす年になりそうです。実はこの2年間、つまり2020年から2021年末までは、悪くない話が持ち込まれたり、面白い出会いがあったり、世間で言うところの「成功」を手にしたりと、「上り調子」な運気であったはずなのです。そこから手を伸ばせば、もっと大きな成功を手に入れることだって可能かもしれないのに、2022年のウシ道場の皆さんは、そうはしないはずです。というのも、ウシ道場の皆さんは「調子に乗ること」「ノリで動くこと」を一番軽蔑するからです。好調に進んでいる時ほど、自分が天狗になりそうな時ほど、その歩みにブレーキをかけ、自重してしまうのです。周りから見れば「今動かないなんて、もったいない!」状態なのですが、そんな声、超頑固者のウシ道場の皆さんには届きません。ただ、運気的に今期「動かない」のは、実は大正解。2022年は、混乱を引き寄せやすい運気が巡ってきているのです。何も考えずに焦って動くと、それまでの積み重ねが台無しになってしまう可能性も。座禅を組むように、内省的な姿勢で物事にじっくり取り組めば、おのずとさらに大きな成功を引き寄せられるはずです。

トラ芸能事務所の
住民さんに起こるかもしれない
キュン♥エピソードまんが
ああ……まじ
しょーもないこと
ばっか起《お》こる
違《ちが》いますよ！
俺《おれ》ら友達《ともだち》です
何《なに》言《い》ってるんだ
カツアゲしてただろ！
目撃者もちゃんといるんだ
緒川あお
はあ…自分《じぶん》の正義感《せいぎかん》が嘆《なげ》かわしい
見過ごせなかった……
3人《にん》でこんなヒヨロっこ相手《あいて》に……
ダサすぎでしょ
ちっ
ダッ
こら！！
待ちなさーいっ
何《なん》で助《たす》けるの？

は？
助《たす》けて
やったのに
だって君《きみ》
カツアゲ
され
女《おんな》の子《こ》なのに
危《あぶ》ないでしょ！
ぼっ
真《ま》っ先《さき》に逃《に》げなよ！
僕《ぼく》なんかより
お金《かね》なんかより
もしアイツらに
逆恨《さかうら》みでもされ
たら君《きみ》
何《なに》をされるか

……
君《きみ》こそ先《さき》にお礼《れい》とか言《い》えないの？
私《わたし》間違《まちが》ったことしてないけど
確かに
ありがとう…でもね
その正義感《せいぎかん》は危《あや》ういよ？

正《ただ》しいことしたのはこっちなんだよ！
ガ
よぉ
さっきは随分世話《ずいぶんせわ》になったな
……
何《なん》だよその目《め》
男《おとこ》3人《にん》に囲《かこ》まれちゃ
さすがに強気《つよき》な女《おんな》もだんまりか？
ほんと…しょーもないどうしよう
じゃり
お巡《まわ》りさん！
こっちです早《はや》く！

大丈夫!?
何《なに》もされてない!?
さっきのヒョロっこ——!
心配《しんぱい》してあと追《お》ってよかった〜
女《おんな》の子《こ》なんだからほんと気《き》をつけて
………
さっきから女女《おんなおんな》って男《おとこ》も女《おんな》も関係《かんけい》ない
ある!
女《おんな》の子《こ》は男《おとこ》の力《ちから》にはかなわないでしょ
その現実《げんじつ》は認《みと》めなよ!
僕《ぼく》も…怖《こわ》いけど男《おとこ》だから

きっと君《きみ》のこと
ちょっとは守《まも》れるよ

トラ芸能事務所の住民さんの 2022年の運勢

ここ数年、まったりと平穏無事な生活を満喫しがちで、もしかして自分って「トラの威を借るキツネ」の「キツネ」の方なんじゃ…なんて思い始めていたかもしれないトラ芸能事務所の皆さん。それはそれで悪くないかも…なんてすっかり丸くなってしまっているかもしれませんが、そうは問屋が卸しません。2022年に入ると今はすっかり奥に引っ込んでしまったその闘争本能を、むき出しにせざるをえないような場面に次々と出くわしそうなのです。トラ芸能事務所の住民さんの信条は、なんといってもその公平さです。その正義からすると、絶対に許せないような出来事が次々と身の回りで起こり始めるのです。たぶん、見過ごすことはできません。いちいち食ってかかって、場合によっては大騒動に発展することもありそうです。しかも、自分から折れたりできない性分が災いし、騒動は予想以上に長期戦になってしまうかも。でも、その労力をかけてでも、あなたはトラの誇りを守るはず。ぎりぎりのところでの勝負強さがある皆さんなら、最後には「勝ち」を手にできるはずです。注意すべきは、誰彼かまわず周りを威嚇してしまうと、味方になってくれそうな人まで敵に回してしまう可能性があること。一人では「勝ち」をつかめません。孤立してしまわないよう注意。

ウサギ団地の
住民さんに起こるかもしれない
キュン♥エピソードまんが
日下あき
えええ！
うそ！
カナメに負《ま》けるなんて!!
え――
あ――ほんとだ
2年実力テス
因幡 月子
70 73 75 72 80 94/182位
2年実力テスト
小浦 要
97 97 80 15/182位
月子《つきこ》に勝《か》っちゃった
ガーン
高校《こうこう》2年《ねん》
春《はる》
初《はじ》めて
幼馴染《おさななじみ》に
負《ま》けました
――で

その幼馴染《おさななじみ》に勉強《べんきょう》教《おそ》わるのはどーなのよー
うるさいうるさーい！
善《ぜん》は急《いそ》げなんだよー！
ツキコ 0才
カナメ 0才
カナメは生《う》まれた時《とき》からのお隣《となり》さんで
ちっちゃいときはいつも私《わたし》の後《うし》ろをついてきてたのに
カラン。
はい
月子《つきこ》が好《す》きなやつ
オレ コーヒー
カルピス
………
いつのまにやら大《おお》きくなって！
ありがとうっ
いえいえ
いいじゃん カナメっていっつも家《いえ》にいるし順位《じゅんい》もいつの間《ま》にか爆上《ばくあ》がり…！
必勝法《ひっしょうほう》をお教《おし》えくださいますか？ 先生《せんせい》
トゲが
あるなぁ
必勝法《ひっしょうほう》もなにも…

単純《たんじゅん》に 月子《つきこ》 最初飛《さいしょと》ばしすぎて すぐにダレるんじゃん…
去年はあんなにがんばってたのに
今年はダラダラ みたいな
くっ
受験《じゅけん》も近《ちか》いんだからさ ちゃんと計画《けいかく》しないと
分《わ》かってるよ！
分《わ》かってるけど…
2年《ねん》になって 色々《いろいろ》やんなきゃいけないことが増《ふ》えて
第一志望
何《なに》からやろう～ どれが大事《だいじ》？って 考《かんが》えてると――…
頭《あたま》ぐちゃぐちゃ～ってなって…
置《お》いていかれちゃう
みんなにも
カナメにも
月子《つきこ》…

いやもう置《お》いてかれてるよ？
自分《じぶん》の順位《じゅんい》思《おも》い出《だ》して？
わあああ!!いじわるううう!!!
昔《むかし》は可愛《かわい》かったのにいいい
エンジェルカナメ(5)
カタン
月子《つきこ》は困《こま》るとすぐそれだ
…俺《おれ》は
もう可愛《かわい》いカナメじゃないけど…
月子《つきこ》は今《いま》でも可愛《かわい》いよ
!?
え・・・
いっぺんに進《すす》むのが難《むずか》しいのならさ
一《ひと》つずつコツコツやればいいんだよ
例《たと》えば

頼《たよ》られたかったらテストで勝《か》つとか
好《す》かれたかったら好《す》きなものを覚《おぼ》えるとか
家《いえ》に誘《さそ》い込《こ》みたかったらいつでも暇《ひま》にしておく
とか
意味《いみ》わかる…？
う…
あ…
わかんないっ
…まだ早《はや》いか

じゃあ

それは
また今度《こんど》ね
キャア
じゃ勉強《べんきょう》
しよっか〜
早《きりかえ》ッ
できる
かーッ

ウサギ団地の住民さんの 2022年の運勢

今すぐにでも動き出したい！という気持ちはあるものの、なかなかエンジンがかかりにくい運気。2022年のウサギ団地の住民の皆さんは、さながら童話「ウサギとカメ」の、居眠り中のウサギ状態。この先の人生のことを考えると、本当は「やらないといけないこと」や「やった方がいいこと」が、たくさんあるのは分かっているはず。でも、それをやるためには、あれやってからこれやって、ああ、あれ先にやっとかないと……と目の前の面倒臭いこと考えるだけで気が滅入ってしまって、なかなか動き出せないでいるときなのです。たぶん、プライベートに関することが、ことさら安定しているからかもしれません。「なごみムード」を何よりも愛するウサギ団地の皆さんが、この安定をじっくり味わわずにセカセカ働くなんて、絶対に無理。心と体ともに、準備が整わないと、ウサギ団地の皆さんは動き出してはいけないのです。特に2022年は、混乱を招きやすい運気が巡っているので、焦って動くとろくなことがありません。きっと、このダラダラ状態を抜け出して、全速力で動き出せるほど機運が高まる瞬間がいつかあるはずで、それまでは「今できること」をコツコツと積み上げましょう。少し先の来るべき飛躍の年に、それが糧となって爆発力につながるはずです。

タツ工務店の
住民さんに起こるかもしれない
キュン♥エピソードまんが
菜々川さらり
生徒会長
この書類《しょるい》は
明日《あした》〆切《しめきり》
こっちは
5時《じ》までに
終《お》わらせて
んぁあー!!
消《き》えろ
書類《しょるい》の山《やま》ぁ!!
生徒会長
ま〜た
タツキちゃん

一人《ひとり》で頑張《がんば》っちゃってるの？
れっ漣副会長《れんふくかいちょう》!?
そっ…そんな事《こと》はないぞ？
あと少《すこ》しで終《お》わるし
私《わたし》なら楽勝《らくしょう》さ
なら皆《みな》でやればいいじゃん
生徒会長

……
バカ者《もの》
アルバイトとかクラスの用事《ようじ》とか
みんな色々《いろいろ》あるだろう？
ぴょい
ホント意地《いじ》っ張《ば》り
!?
漣《れん》何《なに》を！
タッキ会長《かいちょう》

休《やす》む事《こと》も
お仕事《しごと》ですよ
これは
俺《おれ》がやって
おくから
ぽかん…
…いや！
それじゃ意味《いみ》
ないだろ!?
返《かえ》してくれ！
反論《はんろん》は
認《みと》めません
っお前《まえ》は！
子供《こども》みたいな事《こと》を……！
ーっ何《なん》で
いきなり
止《と》まる!?
別《べつ》に俺《おれ》は
いいんだよ？

タツキちゃんが疲《つか》れて隙《すき》だらけになったら…
そこにつけ入《い》るだけだし
はは…つけ入《い》るってまた意味《いみ》の分《わ》からない事《こと》を…
…あれ？
…ほら
ス
何《なん》か…いつもと…

隙《すき》あり
……え？
これで少《すこ》しは
俺《おれ》の事《こと》意識《いしき》した？

タツ工務店の住民さんの2022年の運勢

竜といえば、火を吐き空を飛ぶ豪快な姿を思い浮かべますが、世に眠る天才のことを「臥竜《がりょう》」と呼ぶように、飛ぶ必要のないときは臥《ふ》して眠っているもの。タツ工務店の皆さんも、この二つの側面があります。空を翔《かけ》るように人生を大きく進める時期と、地に臥《ふ》して休息を取る時期。この二つを人生のうちで何度も繰り返し、成長していくのです。2022年は、この二つの時期のちょうど狭間にあたります。つまり、今まで空を翔《かけ》ていた竜が地に降りて、休息をしようとしている状態なのです。ここ数年、タツ工務店の皆さんは激動の中にいたと思います。いいことがあったと思えば、すぐに嫌な出来事があり、新しい生活がはじまった人もいるでしょうし、離別や新たな人との出会いが相次ぎ、休む暇もないほど全速力で走ってきたはずです。そう、皆さんは今、疲労困憊状態。必要なのは休息なのです。まだ走れる！と思う方も多いと思いますが、同じペースのまま2022年を過ごすと、心身を壊しかねません。しかも、2022年は混乱を招きやすい運気なので、派手に動くと、あとで問題になるような余計なものを背負い込む暗示まであります。やることを絞り、次の飛翔のチャンスが来るまで、じっくりと夢を温め、実力を蓄えておくのが2022年のよい過ごし方です。

絢巳《あやみ》って
キャプテンと
別《わか》れたの？
細堀ゆかり
三枝《さえぐさ》
ヘビ オフィスの
住民さんに起こるかもしれない
キュン♥エピソードまんが

何《なに》ソレ 意味不明《いみふめい》なんだけど!
そもそも付《つ》き合《あ》ってないし!!
ほら!! チーム戦《せん》するってよ!!
行った行った〜〜!!
頑張《がんば》れ サッカー部《ぶ》期待《きたい》のエース☆
な
なんでアイツ
知《し》ってんの!?
キャプテンとマネージャー《私》が付《つ》き合《あ》ってるなんて
チームの雰囲気《ふんいき》壊《こわ》すと思《おも》って
隠《かく》れて付《つ》き合《あ》ってたのに!!

まぁ
もう
終《お》わった事《こと》
だけど
キャプテン⁉
なんでって絢巳《あやみ》待《ま》ってたに決《き》まってるだろ〜〜〜♡彼氏《かれし》♡として
はい⁉
私《わたし》この前《まえ》別《わか》れたいって言《い》いましたよね⁉
俺《おれ》ＯＫ！とは言《い》ってないよ⁇
なんで
でも私《わたし》はもう

キャプテンの俺《おれ》にさからうの？
マネージャーの分際《ぶんざい》で
絢巳《あやみ》は黙《だま》って
俺《おれ》に愛《あい》されてればいいんだよ♡
だ…誰《だれ》か
助《たす》けてー!!!
職権濫用《しょっけんらんよう》

三枝《さえぐさ》!!?
いーんすかキャプテン
このパワハラ発言《はつげん》学校《がっこう》バレたら退部《たいぶ》の危機《きき》ですよ
キャプテンの俺《おれ》にさからうの? マネージャーの分際《ぶんざい》で
いてててて
絢巳《あやみ》も!!
男《おとこ》見《み》る目《め》なさすぎだろ!!

最初《さいしょ》から

俺《おれ》にしとけば
良《よ》かったのに

ヘビオフィスの住民さんの 2022年の運勢

ヘビオフィスの住民の皆さんに、世紀の大恋愛スキャンダルが持ち上がりそうです。2022年は、恋愛トラブルに要注意な運気が巡ってくるのです。特に、出会い運が好調だった2021年に「お試しで付き合ってみた」とか、「断りきれずに付き合ってしまった」とか、〝いわくつき〟な恋を始めてしまった方は注意が必要。年明けすぐのわりと早い段階で、どちらかの不信や不満が、大爆発を起こしてしまうかもしれません。ただ、「浮気された」とか「他に好きな人ができた」という決定的なことがあったとしても、2022年は、すんなりその恋が終わらないかもしれません。人に執着されてしまう運気も同時に巡ってきているのです。別れを告げたとしても、しつこく食い下がられたり（そして、「もうしない！」なんて言葉にほだされて元サヤに戻ったり）、たとえ別れられたとしても、相手がストーカーに変身！なんてこともありえる年です。恋愛以外にもその「別れられない」現象は起こるので、何かの集団から抜けたり何かを辞めたりするのも一筋縄ではいきません。「裏切った裏切られた」の話になりやすく、すんなり事が運ばない可能性があります。もし、別れをどうしても切り出さないといけないときは、このマイナス運気が一時的にやわらぐ8月に実行しましょう。

ゆず未来
報告《ほうこく》ーーー!!
この度《たび》彼氏《かれし》と別《わか》れましたー☆
ウマ駅の
住民さんに起こるかもしれない
キュン♥エピソードまんが
またぁ!?
だって 束縛《そくばく》すごいんだもん
私《わたし》馬場《ばば》ゆう子《こ》
自由《じゆう》を愛《あい》する高校《こうこう》2年生《ねんせい》
番号札12番でお待ちのお客様ー
はーい
お待《ま》たせしました

カフェラテです
ドキン♡
!!
うっわ〜〜〜
大変大変《たいへんたいへん》!
超《ちょう》イケメン!
恋《こい》したかも!
はぁ!?
あんた
別《わか》れたばっか
でしょ!?
このカフェ
通《かよ》っちゃおうかな〜
なんかわくわく
してきたー!♡
そうだよ
これこれ
やっぱり恋《こい》は
楽《たの》しくなくっちゃ!
CAFE☆

次《つぎ》の日《ひ》
カフェラテ くーださいっ♪
その次《つぎ》の日《ひ》
カフェラテ ひとつ♡
そのまた次《つぎ》の日《ひ》
カフェラテ お願《ねが》いしまーす
カラーン
いらっしゃい 今日《きょう》も カフェラテ です…
か…？
ぶっすーーー
………何《なに》か あったんですか？

もう聞《き》いて下《くだ》さいよー 今日《きょう》抜《ぬ》き打《う》ちで服装《ふくそう》チェックがあったんですけどピアス没収《ぼっしゅう》されちゃって！
ひどくないですか⁉
………へぇ
うわ 反応《はんのう》薄《うす》っ
ちぇっ
……
じゃあ この後《あと》 買《か》いに行《い》く？
…え？

新《あたら》しいピアス
俺《おれ》と一緒《いっしょ》に
えっ
まさかお兄《にい》さんから誘《さそ》ってくれるなんて…
えええっ!? 嘘《うそ》!! ホントに!?
はっ
でも私《わたし》金欠《きんけつ》だった…
カフェラテの飲みすぎで…
ガーン
ぷっ
それなら

一緒《いっしょ》に働《はたら》くのはどう？
ピラ
アルバイト募集中！
一緒に働きませんか？
●週1〜OK!
●時給¥980〜
賛成《さんせい》っ!!

ウマ駅の住民さんの2022年の運勢

2020年、2021年と激動&運気が低い状態が続いていたウマ駅の住民の皆さん。予期せず新しい生活が始まった方もいるかもしれませんし、離別を経験した方もいるかもしれません。基本的に楽天的で前進力があるウマ駅の皆さんのことなので、運気の落ち込みをさほど意識せずに進んでいってしまうことが多いのですが、さすがにこの2年間は「ん？ なんか調子が出ないぞ？」と違和感を覚えていたはず（何もニブいわけじゃないのですよ。苦しみを楽しさに変えるのがウマいだけ！）。しかし！ 2022年に入ると、その違和感はすべて解消されるはずです。気持ちがぐんと前向きになり、ウマ駅の住民の皆さんのただでさえ強い前進力に、さらにブーストがかかりそう。ここ12年で一番の発展運がめぐってくるのです。特に、物事が新しく生まれたり、スタートしたりする機運が強く、何かを始めるには最高の年になります。また、ここで始めたこと、出会った人・物は、その後の人生に大きな関わりを持つことになります。もし、何か始めたいことがあるなら、こんなときだからこそ、思い切って始めることをおすすめします。難しめな恋も、2022年なら拍子抜けするほどすんなり進んじゃう可能性も。相手がいる方は、結婚を意識することがあるかもしれません。

ヒツジ山小屋の
住民さんに起こるかもしれない
キュン♥エピソードまんが
ゆきら
よっしゃー!!
恋《こい》の傷《きず》は恋《こい》で治《なお》すべし!
別れよう。
どうして…私何か
ずしっ
そのセリフ またフラれたな 羊花《ようか》
げっ
千冴《かずさ》!
さすが未谷《みたに》 17年《ねん》一緒《いっしょ》にいたら 分《わ》かるか
まーな
そーなの この子《こ》また フラれました
だけど
次《つぎ》の合《ごう》コン 組《く》んだのは 知《し》らないでしょ

はぁ!?
もう分《わ》かったろ
焦《あせ》ったってー…
ってオイッ
大丈夫《だいじょうぶ》!!
恋《こい》は急《いそ》げ!
今週《こんしゅう》はサッカーの応援《おうえん》も行《い》くんだー
※出逢《であ》い目的《もくてき》
頑張《がんば》れば
絶対《ぜったい》出逢《であ》える
行《い》けーっ
そこ取《と》れーっ
本当《ほんとう》に応援《おうえん》だけして終《お》わる
羊花《ようか》…
大学生《だいがくせい》との合《ごう》コンになりました
大学生《だいがくせい》!!
服《ふく》どうしよー
世界《せかい》を変《か》えるような恋《こい》
みんな高《こう》2?
かわいー!!
カラオケ

ね
この後《あと》抜《ぬ》けない？
えっ
これは選《えら》ばれし者《もの》の展開《てんかい》…！
キャー
ガンバレ
あの
渋谷センター街
ど…どこに
面白《おもしろ》い奴《やつ》らばっかだし！
とりあえず乗《の》って？
コレ拉致《らち》られる!?
ぐいっ
ほら
ヒイッ
いいですいいで
誰《だれ》か…！
おいおっさん

こいつに
手《て》ぇ出《だ》すんじゃねーよっ
か
かずさ…っ
逃
カレシとやり合うつもりはない!
あ
ありがとう
バカッ
痛《いた》い目《め》見《み》ねーと分《わ》かんねーのか!
ビクッ

そ
そんな怒鳴《どな》んなくても
焦《あせ》んなって言《い》ったろ
シンプルにさもっと近《ちか》く見《み》てみろよ
1つずつ向《む》き合《あ》って
ガッ
千牙《かずさ》だって慌《あわ》てちゃってさ
そんなに私《わたし》のこと大事《だいじ》!?
なーんて
目《め》の前《まえ》を見《み》てみたら

……
そーだよ
世界《せかい》は少《すこ》しだけ
変《か》わるかもしれない

ヒツジ山小屋の住民さんの2022年の運勢

2021年は、ヒツジ山小屋に変化運の嵐が吹き荒れる年でした。別れを経験した方もいるかもしれませんし、新しい環境に身を置くことになった方も多いのではないでしょうか。2022年は、そんな大なり小なりあった変化後、新しい生活のはじめの一歩の年。当然、「変化前よりも変化後の方が幸せだと思いたい！　後悔したくない！」という心理が否応なく働くので、いつもより肩に力の入った1年になるはずです。自分の新たな居場所を模索するために、恋も！勉強も！仕事も！と全方位に全力投球してしまいそうなのです。ただ、それがステップアップのために働くのならいいのですが、ヒツジ山小屋の皆さんは全員、アニマル界随一の極度な負けず嫌い（雰囲気は、のほほんとしてるのにね！）。この「2021年の変化を後悔したくない！」という思いのプレッシャーが強すぎるあまり、盛大に空回りするかもしれません。特に、凡ミスに注意。いい加減なことができない時期なので、あれもこれもと欲張って手を出してしまうと、自分の処理能力が限界に。びっくりするような大ポカをやらかす可能性大です。2022年は、焦りは禁物。頑張るのはいいですが、全力投球する事柄をできるだけ一つに絞って、シンプルな生活を心がけると運がひらけてきそうです。

サル学園の
住民さんに起こるかもしれない
キュン♥エピソードまんが
テスト終《お》わったら どこ行《い》くー？
ってか テスト大丈夫《だいじょうぶ》なん？
なんとかなるっしょ！
出《で》たw
雨花深衣
だって 青春《せいしゅん》は短《みじか》いんだから
やっぱ海とか?!
カリカリ
カリカリ
楽《たの》しんだもん勝《が》ちよ

なんて…
しゅ〜〜ん
プリント終《お》わったら職員室《しょくいんしつ》に出《だ》して
補習
川猿 奈央　藤 謙人
追試日程
特《とく》に川猿《かわさる》このままだと留年《りゅうねん》だぞ
ちゃんとやれよ
…りっ
留年《りゅうねん》!?
毎日《まいにち》みんなで遊《あそ》んでたのに何《なん》で私《わたし》だけ?
でも……
どうして藤《ふじ》くんが??
休《やす》み時間《じかん》も勉強《べんきょう》してるザ優等生《ゆうとうせい》なのに…

ヒューッ
あっ
ひらっ
・・・
・・・・・・?
ごっ ごめん
・・・
ばっ
ガタッ
あの

ここの答《こた》え 多分《たぶん》C《シー》だと思《おも》う
あ… ありがとう
意外《いがい》…
てっきり藤《ふじ》くんは 人《ひと》に興味《きょうみ》ないと思《おも》ってた…
ねぇ 何《なん》で居残《いのこ》りなの？
成績いいのに
あー…
解答用紙《かいとうようし》で 問題《もんだい》と答《こた》え1コ ずつずれて書《か》いた
プッ
天然《てんねん》か!?

笑《わら》うなよ
あ…
ごめん ごめん
あっ
でも先生《せんせい》に言《い》えば補習《ほしゅう》受《う》けなくて済《す》むんじゃない？
別《べつ》にいいよ
復習《ふくしゅう》も大事《だいじ》だし
えらすぎ!!
それに

川猿《かわさる》さん1人《り》じゃ心許《こころもと》ないだろ？
さてさっさと終《お》わらせよう
勉強モード ON
うっうん…！
カリカリ
カリカリ
カリカリ
やっぱ真面目《まじめ》なのね

サル学園の住民さんの2022年の運勢

ある日突然、サル学園に恐怖の校内放送が鳴り響きます…「ピンポンパンポーン♪ 住民の皆さんにお知らせです。全員、1年生からやり直してくださーい！」。ギャー!! 2022年、サル学園の皆さんには強烈なリセット運が巡ってきます。それまでの運気の流れが一旦途絶え、一から何かを始め直さなければならないような出来事が起こる年です。ずっと平穏に続けてきたことを止めなければならない場面もありえますし、人間関係のリセット、つまり「離別」も起こりやすい1年になるでしょう。今まで「なんとかなるよね」と曖昧にしてきた問題が一気に噴出する年でもあり、目を背けてきたことを見なければならないし、考えたくないことも考えないといけなくなる、まさに試練の年なのです。しかし、恐れることなかれ。バランス感覚にすぐれ、人生を意外と器用に歩むサル学園の皆さんは、この変化運をすぐに乗りこなしてしまうかもしれません。特に、2021年に何か新しいことを始めた人は、変化運を逆手にとって、さらなるバージョンアップを遂げる可能性だってあります。逆に、変化を恐れて現状維持しようとするのは絶対NG。周りはどうやったって変化してしまうので、置いてけぼりをくうだけです。恐れず何かに挑む気持ちでいきましょう。

みやの真琴
コトリレストランの
住民さんに起こるかもしれない
キュン♥エピソードまんが
kotori_xxx
イイネ 1058件
今週のかわいい子♡
ことりが 前《まえ》にSNSに 載《の》せてたアクセ
雑誌《ざっし》でも 取《と》り上《あ》げられてた よーーー!!
え? ほんとー
ことりってよく 流行《はやり》モノ先取《さきど》り してるよねー
えー たまたまでしょー
センスって やつか
まぁ

当然《とうぜん》だけど
私《わたし》がカワイイと
思《おも》ったものに
間違《まちが》いはないし？？
でもさー
自分《じぶん》が
センスあると
彼氏《かれし》ダサいとか
いやじゃない？
あははっ
それ
センスあるとかの
話《はなし》じゃなくない？
もし 彼氏《かれし》に
するなら…
センスがあるとか
スポーツ万能《ばんのう》とか
頭《あたま》がいいとか
イケメンだとか…
そんなの…

全部《ぜんぶ》そろってて当《あ》たり前《まえ》じゃんね？
他《ほか》だとなんだろ
そのピアスはどこで買《か》ったの？
かわいい♡
ん？
あ コレは作《つく》ったー
作《つく》った!?
自分好《じぶんごの》みのがなかったから作《つく》ればいいかーって
えーっ どーやって!?
えっと
ワイヤーで形作《かたちつく》ってマニキュアで色付《いろづ》けしてレジンでコーティングしただけだよ
へー意外《いがい》とカンタンそ――
イラッ
まぅ
まーねぇ
これだから分《わ》かってない奴《やつ》は!!
この形《かたち》にするまでどんだけ没《ぼつ》ったと…!!
ちがう
ポイ
ちがう
カンタンじゃなさそうだけど

…え?
え…
…え?
もしかして
声《こえ》に出《で》てた!?
ごっごめん!!
なに この人《ひと》…
僕《ぼく》の妹《いもうと》も
そういうの
作《つく》ってて
あーでもない
こーでもないって
納得《なっとく》いくまで
やってるから…

森野《もりの》さんもきっと一生懸命《いっしょうけんめい》作《つく》ったんだろーなぁ
と思《おも》ったら声《こえ》に出《で》ちゃってました…
ごめんね
どうも失礼《しつれい》しました
ぺこー
ぺこ
何《なに》あいつ…同《おな》じクラスだけど初《はじ》めてしゃべったし
意味分《いみわ》かんね
私怒られたの？
本当《ほんとう》意味分《いみわ》かんない

なんでちょっと嬉《うれ》しいのか
分《わ》かんない
……

いや全然《ぜんぜん》タイプと違《ちが》うんだけど
う〜〜ん…
？
気《き》のまよいか？ それしかないよね きっとそう… うん…

トリレストランの住民さんの2022年の運勢

鬼が笑うどころか呆れるかもしれませんが、大切なことなので予告しておきます。1年後、つまり2023年は、トリレストランの皆さんに変化運の大波がやってくる年になります。それまで続けてきたことがぷつりと途絶え、否応なく方向転換をつきつけられるような年。一般的には「大凶年」として恐れられているのですが、トリレストランの住民の皆さんにとっては話が別。心のどこかで「私は特別」と思っているところがある皆さんにとって、変化は「おいしいこと」だったりするのです。みにくいアヒルの子が、ある日突然美しい白鳥に変身するように、トリレストランの皆さんにとって「変化」は、ヒロイックな自分を演出するための舞台装置。恐れるものではなく、新たな自分へと成長するバネにしてしまえるのです。ただ、当然、この「変化」を「成長」に変換するためには、完璧なまでの準備が必要。そう、2022年はその準備をすべき年。下調べ、根回し、自分磨き、資金づくり。大事なのは、自分のやりたいことへの道筋が明確にイメージできているかどうか、ほしい物を手に入れるための手段を把握しているかどうかです。いざ、チャンスがやってきたときに、アクセルを全力で踏んでもかまわない状態を完璧に練り上げていること。それが、2022年の目標です。

イヌ商店街の
住民さんに起こるかもしれない
キュン♥エピソードまんが
ミーンミンミンミーン……
出会《であ》いがない
ガタンゴトン……
彼氏《かれし》ほしい……
紅雨ぐみ
彼氏《かれし》なら誰《だれ》でもいいわけ？
よくないよ!! 親《おや》とかも納得《なっとく》してくれるようなちゃんとした人《ひと》がいい!!
まもなく西荻
いいなー
彼氏《かれし》いたら
絶対夏《ぜったいなつ》楽《たの》しいじゃん…
ポロッ
プシュー
理想高《りそうたか》すぎなんじゃない？
じゃあね!!
逃《に》げられた…
彼氏持ちは余裕あるなぁ…
あ
落《お》とし——…

ぎゃ
イケメン……!!
今《いま》の人《ひと》のだよね？
定期《ていき》じゃん!!
プルルルル
ハッ

どうする？
降《お》りる⁉
次《つぎ》の駅《えき》で
駅員《えきいん》さんに
届《とど》ければ……
暑《あつ》いのに多分《たぶん》
10分《ぷん》は待《ま》つし――
でも
定期《ていき》……
ミーン…
ミーン…
快速 高尾行
西荻窪
絶対《ぜったい》困《こま》るよね
――……
扉が閉まります
駆け込み乗車は――

自分《じぶん》でチャンス逃《のが》してどうする!!
あのっ
定期《ていき》落《お》としましたよ!!
え?
うわ まじじゃん
ありがとう!!
全然 気付かなかったー
助《たす》かりました
ペコ

……いえ……
やっぱりかっこいい…
まぁ こんなもん だよね
ミーン ミーン…
次《つぎ》の電車《でんしゃ》で帰《かえ》るけど
いいもん…
待《ま》って
もしかして このために 降《お》りてくれた？
へっ……
グラッ
トスッ

きゃ
きゃーーー!!
ご
ごめんっ 大丈夫《だいじょうぶ》!?
う
あ はいっ!!
ミーーン
ミーーン……

イヌ商店街の住民さんの 2022年の運勢

アニマル界広しといえども、イヌ商店街の住民の皆さんほど、活気があるときとないときの差が、はっきりと出るアニマルは他にないかもしれません。毎日がお祭りか?と見まがうばかりに盛り上がっている時期と、閑古鳥が鳴くようなシャッター街になる時期が数年ごとに繰り返すのです。実はこの数年、イヌ商店街は「シャッター街」状態でした。もともと、ここの住民の皆さんは「安定第一!」と心の底で思っているタイプが多く、よほどのきっかけがないかぎりは、その平穏を内にこもってまったりと楽しむような生活をしがちなのです。しかし、2022年、その「よほどのきっかけ」がやってきます。のんびり屋の皆さんが、のんびりなんかしていられないような、人や物とのうれしい巡り合わせが次々と起きるのです。さあ、イヌ商店街の祭りの時期がいよいよ始まります。たぶん、これから5年間、2026年までは、今までの数年と打って変わって、良いことも悪いこともドッと押し寄せてくるような激動の運気の中を、ノンストップで走り続けることになります。ただ、本格的に運気の高さを実感することができるのは2023年に入ってから。2022年はそこに備えて、肩慣らしをする気持ちでいた方が気構え的にもいいかもしれません。

イノシシ劇場の
住民さんに起こるかもしれない
キュン♥エピソードまんが
ひない菜月
大丈《だいじょう》夫《ぶ》ですか？
駅《えき》で助《たす》けてくれた 他校《たこう》の彼《かれ》に 私《わたし》は一瞬《いっしゅん》で
恋《こい》に落《お》ちたの♡

でたよ 未央《みお》の 一目《ひとめ》ボレ
もしかして 告白《こくはく》する気《き》じゃ ないでしょうね？
え ダメ？
先《せん》パイに一目《ひとめ》ボレして ここ入学《にゅうがく》したのに 既《すで》に彼女《かのじょ》がいた バカは誰《だれ》？
ゔ
グサッ
男《だん》バスの部長《ぶちょう》に 告《こく》って 2番目《ばんめ》で いいならって 言《い》われたの 誰《だれ》？
ゔっ
デュクシ
そうやって 突《つ》っ走《ぱし》ってうまく いった事《こと》あった？
な… ないです
そうだよね

2人《り》の言《い》う通《とお》り
告白《こくはく》してもまたフラれるのがオチ…
よし! 忘《わす》れよう
今日《きょう》はとことん飲《の》んで忘《わす》れよう
※ジュースです
あ……
トクン
て
忘《わす》れるんでしょ
ときめいてどうするぃぃ
だん だん だん
いや!! ビビってどうするの

こんなの
私《わたし》らしくないじゃない!!
あ
あの!!
私《わたし》…
つんっ

わっ!? すみません
よかった
また会《あ》えた
え……
生徒手帳
あの これ
え 私《わたし》の!? 何《なん》で!?
ナゼ持って!?
この前《まえ》 落《お》として 行《い》ったから
拾いまして
猪《いの》田《だ》未《み》央《お》さん だよね?
!
何《なん》で 私《わたし》の名前《なまえ》…
あ ごめん 中見《なかみ》ちゃいました

名前《なまえ》知《し》りたくて
私《わたし》は私《わたし》らしく
……え
一直線《いっちょくせん》に突《つ》き進《すす》め!

イノシシ劇場の住民さんの2022年の運勢

ここ数年、面白くない出来事が多かったかもしれません。イノシシ劇場の住民の皆さんの持ち味である「突進力」をなぜか発揮できず（というか、発揮したらしたで、失敗ばかりを繰り返し）、悶々とした日々を過ごす住民の方も多かったのではないでしょうか。お待たせしました。ついに！ つ・い・に!!!! イノシシ劇場に待望の「春」がやってきます。2022〜2023年の2年間は、最大の発展運の期間。今までの滞りがウソだったかのように、物事が勢いよく進んでいくようになります。また、この期間に出会った人や物は、今後の人生を形作る重要なピースになることが多いはずです。うつうつとしたこれまでを吹き飛ばすような、わくわくするような出来事があり、新しい夢や目標に向かって存分に「猪突猛進」できる気持ちになれるときです。ただ一つ心配なのは、この数年の不運で「負け癖」がついてしまっていること。「ここで頑張っても失敗するのがオチよ」なんて、イノシシ劇場の住民さんらしくないマインドでいると、せっかくのチャンスを逃します。みなさんの持ち味は、短距離ランナー的な集中力と、抜群の行動力です。少し縮こまってサビついているような今の気持ちを前向きに切り替えて、この幸運の2年間を走り抜けてください。

60×60 LOVE相性表

✦

気になるあの人との相性をチェック！
あなたと相手の「えと村住民ナンバー」（p.004で割り出した数字）が交わるところをご覧ください。
（※「LOVE」とありますが、恋だけじゃなく、友情などすべての人間関係にも当てはまります。）

相性表のマークの意味

◎＝相性抜群!!　互いに強くひきつけあう、まさに運命の相手！

○＝いい相性！　恋でも友情でも互いを癒し、高めあう関係に！

◇＝普通の相性。接点があまりないかもしれないけれど、仲良くなるには時間はかかりません。

▲＝仲良くなるのに時間がかかる相性。ひきあう力は弱くないのに、分かり合うのには少し時間が必要かも。

？＝謎多き相性。全く接点がないためにすれ違うかもしれませんが、共通点がないからこそ割り切ったいい付き合いができるかも。

！＝極端な相性。上手くいかないときは仲たがいするけれど、上手く運べばいいパートナーに。

!!＝とても極端な相性。永遠のライバルか、最高のパートナーに。

30 ニシキヘビ	31 ポニー	32 リャマ	33 マントヒヒ	34 ワシ	35 オオカミ	36 イボイノシシ	37 ハリネズミ	38 ホルスタイン	39 ライオン	40 レッキス	41 リュウ	42 コブラ	43 ロバ	44 アルパカ	45 オランウータン	46 ペンギン	47 セントバーナード	48 アルマジロ	49 カピバラ	50 バッファロー	51 トラネコ	52 フレミッシュジャイアント	53 タツノオトシゴ	54 ハブ	55 シマウマ	56 ヤク	57 ゴリラ	58 ダチョウ	59 ラブラドール	60 ミニブタ
◇	!	▲	○	▲	◇	○	◇	○	◇	▲	○	◇	!	▲	○	○	◇	?	◇	○	◇	▲	○	◇	!!	○	○	▲	◇	◇
○	▲	!	◇	○	▲	◇	◎	◇	◇	◇	▲	○	▲	!	?	○	○	◇	○	◇	◇	◇	▲	○	▲	!!	○	○	▲	◇
▲	○	◇	!	◇	○	○	◇	○	◇	?	◇	▲	○	◇	!	◇	○	◎	◇	?	◇	◇	◇	▲	○	◇	!!	○	○	○
◇	▲	○	◇	!	○	○	▲	◇	○	◇	▲	◇	▲	○	◇	!	○	○	○	◇	◇	◇	▲	◇	▲	○	?	!!	◎	○
○	◇	?	○	○	!	◇	○	▲	◇	○	▲	?	◇	◇	○	○	!	◇	○	○	◇	▲	▲	◇	◇	◇	○	○	!!	○
◇	○	◇	○	○	◇	!	◇	○	▲	◇	○	◇	◇	◇	○	○	◇	!	?	○	○	◇	◇	◇	◇	◇	○	○	?	!!
◇	▲	◎	◇	?	○	◇	!	▲	○	▲	◇	○	▲	○	◇	◇	○	◇	!	▲	○	○	◇	?	▲	○	◇	◇	○	◇
◇	○	◇	○	◇	▲	○	▲	!	◇	○	?	◇	◎	◇	◇	◇	▲	○	▲	!	?	○	○	◇	○	◇	◇	◇	▲	○
○	◇	◇	◇	○	◇	▲	○	◇	!	◇	○	○	◇	○	◇	?	◇	▲	○	◇	!	◇	○	◎	◇	?	◇	◇	◇	▲
○	◇	◇	?	▲	○	◇	▲	○	◇	!	○	○	?	◇	○	▲	▲	◇	▲	○	◇	!	○	○	○	◇	◇	▲	▲	◇
◇	○	▲	◇	▲	◇	○	◇	▲	○	○	!	◇	○	▲	◇	○	◇	?	◇	▲	○	○	!	◇	○	○	◇	▲	◇	◇
!	◇	○	▲	◇	?	▲	○	◇	○	○	◇	!	◇	○	▲	◇	○	▲	◇	◇	○	○	◇	!	?	○	○	◇	◇	▲
?	!	▲	○	▲	◇	◇	◇	◎	◇	▲	○	◇	!	▲	○	▲	◇	○	◇	○	◇	▲	○	◇	!	▲	○	○	◇	?
○	▲	!	◇	○	▲	◇	○	◇	○	◇	▲	○	▲	!	◇	○	▲	◇	◎	◇	◇	◇	▲	○	▲	!	?	○	○	◇
○	○	?	!	◇	○	○	◇	◇	◇	○	◇	▲	○	◇	!	◇	○	○	◇	○	◇	?	◇	▲	○	◇	!	◇	○	◎
◇	○	○	◇	!	○	○	▲	◇	?	◇	○	◇	▲	○	◇	!	○	○	▲	◇	○	◇	▲	◇	▲	○	◇	!	○	○
◇	◇	○	○	○	!	◇	○	▲	◇	▲	▲	○	◇	?	○	○	!	◇	○	▲	◇	○	▲	?	◇	◇	○	○	!	◇
◇	?	◇	◎	○	◇	!	◇	○	▲	◇	?	◇	○	◇	○	○	◇	!	◇	○	▲	◇	○	◇	◇	◇	○	○	◇	!
◇	▲	○	◇	○	○	?	!	▲	○	▲	◇	◇	▲	◎	◇	?	○	◇	!	▲	○	▲	◇	○	▲	○	◇	◇	○	◇
◇	○	◇	?	◇	○	○	▲	!	◇	○	◇	◇	○	◇	○	◇	▲	○	▲	!	◇	○	?	◇	◎	◇	◇	◇	▲	○
○	◇	◇	◇	◇	◇	○	○	?	!	◇	○	○	◇	◇	◇	○	◇	▲	○	◇	!	◇	○	○	◇	○	◇	?	◇	▲
○	◇	◇	◇	▲	▲	◇	○	○	◇	!	○	○	◇	◇	?	▲	○	◇	▲	○	◇	!	○	○	?	◇	○	▲	▲	◇
?	○	▲	◇	▲	◇	◇	◇	○	○	○	!	◇	○	▲	◇	▲	◇	○	◇	▲	○	○	!	◇	○	▲	◇	○	◇	?
!	◇	○	▲	◇	◇	▲	?	◇	◎	○	◇	!	◇	○	▲	◇	?	▲	○	◇	○	○	◇	!	◇	○	▲	◇	○	▲
○	!!	▲	○	▲	◇	◇	◇	○	◇	○	○	?	!	▲	○	▲	◇	◇	◇	◎	◇	▲	○	◇	!	▲	○	▲	◇	○
○	○	!!	◇	○	▲	◇	○	◇	?	◇	○	○	▲	!	◇	○	▲	◇	○	◇	○	◇	▲	○	▲	!	◇	○	▲	◇
▲	○	○	!!	?	○	○	◇	◇	◇	◇	◇	○	○	?	!	◇	○	○	◇	◇	◇	○	◇	▲	○	◇	!	◇	○	○
◇	▲	○	○	!!	○	○	▲	◇	◇	◇	▲	◇	○	○	◇	!	○	○	▲	◇	?	◇	○	◇	▲	○	◇	!	○	○
◇	◇	◇	○	◎	!!	?	○	▲	◇	▲	▲	◇	◇	○	○	○	!	◇	○	▲	◇	▲	▲	○	◇	?	○	○	!	◇
◇	◇	◇	○	○	○	!!	◇	○	▲	◇	◇	◇	?	◇	◎	○	◇	!	◇	○	▲	◇	?	◇	○	◇	○	○	◇	!

相手 あなた	1 ハツカネズミ	2 水牛	3 チーター	4 ネザーランドドワーフ	5 ネッシー	6 ガラガラヘビ	7 ユニコーン	8 ヒツジ	9 チンパンジー	10 ツル	11 ダックスフント	12 アリクイ	13 ハムスター	14 トナカイ	15 ベンガルトラ	16 ロップイヤー	17 ドラゴン	18 白蛇	19 サラブレッド	20 黒ヤギ	21 ニホンザル	22 オウム	23 チワワ	24 バク	25 ビーバー	26 カモシカ	27 ホワイトタイガー	28 アンゴラウサギ
1 ハツカネズミ	◇	○	◇	▲	○	○	!!	▲	○	▲	◇	◇	◇	○	◇	○	○	?	!	▲	○	▲	◇	◇	◇	◎	◇	▲
2 水牛	○	◇	◇	◇	▲	○	○	!!	◇	○	▲	◇	○	◇	?	◇	○	○	▲	!	◇	○	▲	◇	○	◇	○	◇
3 チーター	◇	◇	◇	◇	◇	▲	○	○	!!	?	○	○	◇	◇	◇	◇	◇	○	○	?	!	◇	○	○	◇	◇	◇	○
4 ネザーランドドワーフ	▲	◇	◇	◇	▲	◇	▲	○	○	!!	○	○	▲	◇	◇	◇	▲	◇	○	○	◇	!	○	○	▲	◇	?	◇
5 ネッシー	○	▲	◇	▲	▲	◇	◇	◇	○	◎	!!	?	○	▲	◇	▲	▲	◇	◇	○	○	○	!	◇	○	▲	◇	▲
6 ガラガラヘビ	○	○	▲	◇	◇	◇	◇	◇	○	○	○	!!	◇	○	▲	◇	◇	◇	?	◇	◎	○	◇	!	◇	○	▲	◇
7 ユニコーン	!!	○	○	▲	◇	◇	▲	○	◇	◇	○	○	!!	▲	○	▲	◇	◇	▲	○	◇	○	○	?	!	▲	○	▲
8 ヒツジ	▲	!!	○	○	◇	◇	○	◇	◇	◇	▲	○	○	!!	◇	○	◇	◇	○	◇	?	◇	○	○	▲	!	◇	○
9 チンパンジー	○	◇	!!	○	○	○	◇	◇	◇	◇	◇	▲	○	○	!!	?	○	○	◇	◇	◇	◇	◇	○	○	?	!	◇
10 ツル	▲	○	?	!!	◎	○	◇	◇	◇	▲	▲	◇	▲	○	○	!!	○	○	◇	◇	◇	▲	▲	◇	○	○	◇	!
11 ダックスフント	◇	▲	○	○	!!	○	○	▲	◇	▲	◇	◇	◇	▲	○	◎	!!	?	○	▲	◇	▲	◇	◇	◇	○	○	○
12 アリクイ	◇	◇	○	○	?	!!	○	○	▲	◇	◇	▲	◇	◇	○	○	○	!!	◇	○	▲	◇	◇	▲	?	◇	◎	○
13 ハムスター	◇	○	◇	▲	○	◇	!!	○	○	▲	◇	◇	◇	○	◇	▲	○	○	!!	▲	○	▲	◇	◇	◇	○	◇	○
14 トナカイ	○	◇	◇	◇	▲	○	▲	!!	○	○	▲	◇	○	◇	◇	◇	▲	○	○	!!	◇	○	▲	◇	○	◇	?	◇
15 ベンガルトラ	◇	?	◇	◇	◇	▲	○	◇	!!	○	○	○	◇	◇	◇	◇	◇	▲	○	○	!!	?	○	○	◇	◇	◇	◇
16 ロップイヤー	○	◇	◇	◇	▲	◇	▲	○	?	!!	◎	○	▲	◇	◇	◇	▲	◇	▲	○	○	!!	○	○	▲	◇	◇	◇
17 ドラゴン	○	○	◇	▲	▲	◇	◇	◇	○	○	!!	○	○	▲	◇	▲	▲	◇	◇	◇	○	◎	!!	?	○	▲	◇	▲
18 白蛇	?	○	○	◇	◇	◇	◇	◇	○	○	?	!!	○	○	▲	◇	◇	◇	◇	◇	○	○	○	!!	◇	○	▲	◇
19 サラブレッド	!	▲	○	○	◇	?	▲	○	◇	◇	○	◇	!!	○	○	▲	◇	◇	▲	○	◇	◇	○	○	!!	▲	○	▲
20 黒ヤギ	▲	!	?	○	○	◇	○	◇	◇	◇	▲	○	▲	!!	○	○	◇	◇	○	◇	◇	◇	▲	○	○	!!	◇	○
21 ニホンザル	○	◇	!	◇	○	◎	◇	?	◇	◇	◇	▲	○	◇	!!	○	○	○	◇	◇	◇	◇	◇	▲	○	○	!!	?
22 オウム	▲	○	◇	!	○	○	○	◇	◇	▲	▲	◇	▲	○	?	!!	◎	○	◇	◇	◇	▲	▲	◇	▲	○	○	!!
23 チワワ	◇	▲	○	○	!	◇	○	○	◇	▲	◇	◇	◇	▲	○	○	!!	○	○	▲	◇	▲	◇	◇	◇	▲	○	◎
24 バク	◇	◇	○	○	◇	!	?	○	○	◇	◇	▲	◇	◇	○	○	?	!!	○	○	▲	◇	◇	▲	◇	◇	○	○
25 ビーバー	◇	○	◇	▲	○	◇	!	▲	○	○	◇	?	◇	○	◇	▲	○	◇	!!	○	○	▲	◇	◇	◇	○	◇	▲
26 カモシカ	◎	◇	◇	◇	▲	○	▲	!	?	○	○	◇	○	◇	◇	◇	▲	○	▲	!!	○	○	▲	◇	○	◇	◇	◇
27 ホワイトタイガー	◇	○	◇	?	◇	▲	○	◇	!	◇	○	◎	◇	?	◇	◇	◇	▲	○	◇	!!	○	○	○	◇	◇	◇	◇
28 アンゴラウサギ	▲	◇	○	◇	▲	◇	▲	○	◇	!	○	○	○	◇	◇	◇	▲	◇	▲	○	?	!!	◎	○	▲	◇	◇	◇
29 ヤマタノオロチ	○	▲	◇	○	▲	?	◇	◇	○	○	!	◇	○	○	◇	▲	▲	◇	◇	◇	○	○	!!	○	○	▲	◇	▲
30 ニシキヘビ	◇	○	▲	◇	○	◇	◇	◇	○	○	◇	!	?	○	○	◇	◇	◇	◇	◇	○	○	?	!!	○	○	▲	◇

0	31 ポニー	32 リャマ	33 マントヒヒ	34 ワシ	35 オオカミ	36 イボイノシシ	37 ハリネズミ	38 ホルスタイン	39 ライオン	40 レッキス	41 リュウ	42 コブラ	43 ロバ	44 アルパカ	45 オランウータン	46 ペンギン	47 セントバーナード	48 アルマジロ	49 カピバラ	50 バッファロー	51 トラネコ	52 フレミッシュジャイアント	53 タツノオトシゴ	54 ハブ	55 シマウマ	56 ヤク	57 ゴリラ	58 ダチョウ	59 ラブラドール	60 ミニブタ
◇	▲	○	◇	◇	○	○	!!	▲	○	▲	◇	◇	▲	○	◇	○	○	?	!	▲	○	▲	◇	◇	▲	◎	◇	?	○	◇
◇	○	◇	◇	◇	▲	○	○	!!	◇	○	◇	◇	○	◇	?	◇	○	○	▲	!	◇	○	◇	◇	○	◇	○	◇	▲	○
○	◇	◇	◇	◇	◇	▲	○	○	!!	?	○	○	◇	◇	◇	◇	◇	○	○	?	!	◇	○	○	◇	◇	◇	○	◇	▲
○	◇	◇	◇	▲	▲	◇	▲	○	○	!!	○	○	◇	◇	◇	▲	▲	◇	○	○	◇	!	○	○	◇	◇	?	▲	○	◇
○	○	▲	◇	▲	◇	◇	◇	▲	○	◎	!!	?	○	▲	◇	▲	◇	◇	◇	○	○	○	!	◇	○	▲	◇	▲	◇	○
!	○	○	▲	◇	◇	▲	◇	◇	○	○	○	!!	◇	○	▲	◇	◇	▲	?	◇	◎	○	◇	!	◇	○	▲	◇	?	▲
◇	!!	○	○	▲	◇	◇	◇	○	◇	▲	○	○	!!	▲	○	▲	◇	◇	◇	○	◇	○	○	?	!	▲	○	▲	◇	◇
○	▲	!!	○	○	▲	◇	○	◇	◇	◇	▲	○	○	!!	◇	○	▲	◇	○	◇	?	◇	○	○	▲	!	◇	○	▲	◇
▲	○	◇	!!	○	○	○	◇	◇	◇	◇	◇	▲	○	○	!!	?	○	○	◇	◇	◇	◇	◇	○	○	?	!	◇	○	○
◇	▲	○	?	!!	◎	○	▲	◇	◇	◇	▲	◇	▲	○	○	!!	○	○	▲	◇	◇	◇	▲	◇	○	○	◇	!	○	○
◇	◇	◇	○	○	!!	○	○	▲	◇	▲	▲	◇	◇	◇	○	◎	!!	?	○	▲	◇	▲	▲	◇	◇	○	○	○	!	◇
◇	◇	◇	○	○	?	!!	○	○	▲	◇	◇	◇	◇	◇	○	○	○	!!	◇	○	▲	◇	◇	◇	?	◇	◎	○	◇	!
?	▲	○	◇	◇	○	◇	!!	○	○	▲	◇	◇	▲	○	◇	◇	○	○	!!	▲	○	▲	◇	◇	▲	○	◇	○	○	?
◇	○	◇	◇	◇	▲	○	▲	!!	○	○	◇	◇	○	◇	◇	◇	▲	○	○	!!	◇	○	◇	◇	○	◇	?	◇	○	○
◎	◇	?	◇	◇	◇	▲	○	◇	!!	○	○	○	◇	◇	◇	◇	◇	▲	○	○	!!	?	○	○	◇	◇	◇	◇	◇	○
○	○	◇	◇	▲	▲	◇	▲	○	?	!!	◎	○	◇	◇	◇	▲	▲	◇	▲	○	○	!!	○	○	◇	◇	◇	▲	▲	◇
◇	○	○	◇	▲	◇	◇	◇	▲	○	○	!!	○	○	▲	◇	▲	◇	◇	◇	▲	○	◎	!!	?	○	▲	◇	▲	◇	◇
!	?	○	○	◇	◇	▲	◇	◇	○	○	?	!!	○	○	▲	◇	◇	▲	◇	◇	○	○	○	!!	◇	○	▲	◇	◇	▲
◇	!	▲	○	○	◇	?	◇	○	◇	▲	○	◇	!!	○	○	▲	◇	◇	◇	○	◇	▲	○	○	!!	▲	○	▲	◇	◇
○	▲	!	?	○	○	◇	○	◇	◇	◇	▲	○	▲	!!	○	○	▲	◇	○	◇	◇	◇	▲	○	○	!!	◇	○	▲	◇
▲	○	◇	!	◇	○	◎	◇	?	◇	◇	◇	▲	○	◇	!!	○	○	○	◇	◇	◇	◇	◇	▲	○	○	!!	?	○	○
◇	▲	○	◇	!	○	○	○	◇	◇	◇	▲	◇	▲	○	?	!!	◎	○	▲	◇	◇	◇	▲	◇	▲	○	○	!!	○	○
?	◇	◇	○	○	!	◇	○	○	◇	▲	▲	◇	◇	◇	○	○	!!	○	○	▲	◇	▲	▲	◇	◇	◇	○	◎	!!	?
◇	◇	◇	○	○	◇	!	?	○	○	◇	◇	◇	◇	◇	○	○	?	!!	○	○	▲	◇	◇	◇	◇	◇	○	○	○	!!
○	▲	○	◇	◇	○	◇	!	▲	○	○	◇	?	▲	○	◇	◇	○	◇	!!	○	○	▲	◇	◇	▲	○	◇	◇	○	○
◇	◎	◇	◇	◇	▲	○	▲	!	?	○	○	◇	○	◇	◇	◇	▲	○	▲	!!	○	○	◇	◇	○	◇	◇	◇	▲	○
○	◇	○	◇	?	◇	▲	○	◇	!	◇	○	◎	◇	?	◇	◇	◇	▲	○	◇	!!	○	○	○	◇	◇	◇	◇	◇	▲
○	?	◇	○	▲	▲	◇	▲	○	◇	!	○	○	○	◇	◇	▲	▲	◇	▲	○	?	!!	◎	○	◇	◇	◇	▲	▲	◇
◇	○	▲	◇	○	◇	?	◇	▲	○	○	!	◇	○	○	◇	▲	◇	◇	◇	▲	○	○	!!	○	○	▲	◇	▲	◇	◇
!	◇	○	▲	◇	○	▲	◇	◇	○	○	◇	!	?	○	○	◇	◇	▲	◇	◇	○	○	?	!!	○	○	▲	◇	◇	▲

相手 / あなた	1 ハツカネズミ	2 水牛	3 チーター	4 ネザーランドドワーフ	5 ネッシー	6 ガラガラヘビ	7 ユニコーン	8 ヒツジ	9 チンパンジー	10 ツル	11 ダックスフント	12 アリクイ	13 ハムスター	14 トナカイ	15 ベンガルトラ	16 ロップイヤー	17 ドラゴン	18 白蛇	19 サラブレッド	20 黒ヤギ	21 ニホンザル	22 オウム	23 チワワ	24 バク	25 ビーバー	26 カモシカ	27 ホワイトタイガー	28 アンゴラウサギ	2 オロチ
31 ポニー	!	▲	○	▲	◇	○	▲	○	◇	◇	○	◇	!	▲	○	○	◇	?	▲	○	◇	◇	○	◇	!!	○	○	▲	◇
32 リャマ	▲	!	◇	○	?	◇	◎	◇	◇	◇	▲	○	▲	!	?	○	○	◇	○	◇	◇	◇	▲	○	▲	!!	○	○	◇
33 マントヒヒ	○	◇	!	◇	○	○	◇	○	◇	?	◇	▲	○	◇	!	◇	○	◎	◇	?	◇	◇	◇	▲	○	◇	!!	○	○
34 ワシ	▲	○	◇	!	○	○	?	◇	○	▲	▲	◇	▲	○	◇	!	○	○	○	◇	◇	▲	▲	◇	▲	○	?	!!	◎
35 オオカミ	◇	▲	○	○	!	◇	○	▲	◇	○	◇	?	◇	▲	○	○	!	◇	○	○	◇	▲	◇	◇	◇	▲	○	○	!
36 イボイノシシ	○	◇	○	○	◇	!	◇	○	▲	◇	○	▲	◇	◇	○	○	◇	!	?	○	○	◇	◇	▲	◇	◇	○	○	?
37 ハリネズミ	◇	◎	◇	▲	○	◇	!	▲	○	▲	◇	○	◇	○	◇	▲	○	◇	!	▲	○	○	◇	?	◇	○	◇	▲	○
38 ホルスタイン	○	◇	○	◇	▲	○	▲	!	◇	○	▲	◇	◎	◇	◇	◇	▲	○	▲	!	?	○	○	◇	○	◇	◇	◇	▲
39 ライオン	◇	◇	◇	○	◇	▲	○	◇	!	◇	○	○	◇	○	◇	?	◇	▲	○	◇	!	◇	○	◎	◇	?	◇	◇	◇
40 レッキス	▲	◇	?	◇	○	◇	▲	○	◇	!	○	○	▲	◇	○	◇	▲	◇	▲	○	◇	!	○	○	○	◇	◇	◇	▲
41 リュウ	○	▲	◇	▲	▲	○	◇	?	○	○	!	◇	○	▲	◇	○	▲	?	◇	◇	○	○	!	◇	○	○	◇	▲	▲
42 コブラ	◇	○	▲	◇	?	◇	○	◇	○	○	◇	!	◇	○	▲	◇	○	◇	◇	◇	○	○	◇	!	?	○	○	◇	◇
43 ロバ	!	▲	○	▲	◇	◇	▲	◎	◇	?	○	◇	!	▲	○	▲	◇	○	▲	○	◇	◇	○	◇	!	▲	○	○	◇
44 アルパカ	▲	!	◇	○	◇	◇	○	◇	○	◇	▲	○	▲	!	◇	○	?	◇	◎	◇	◇	◇	▲	○	▲	!	?	○	○
45 オランウータン	○	?	!	◇	○	○	◇	◇	◇	○	◇	▲	○	◇	!	◇	○	○	◇	○	◇	?	◇	▲	○	◇	!	◇	○
46 ペンギン	○	○	◇	!	○	○	◇	◇	?	▲	○	◇	▲	○	◇	!	○	○	?	◇	○	▲	▲	◇	▲	○	◇	!	○
47 セントバーナード	◇	○	○	○	!	◇	○	▲	◇	▲	◇	○	◇	▲	○	○	!	◇	○	▲	◇	○	◇	?	◇	▲	○	○	!
48 アルマジロ	?	◇	◎	○	◇	!	◇	○	▲	◇	?	▲	○	◇	○	○	◇	!	◇	○	▲	◇	○	▲	◇	◇	○	○	◇
49 カピバラ	◇	○	◇	○	○	?	!	▲	○	▲	◇	◇	◇	◎	◇	▲	○	◇	!	▲	○	▲	◇	○	◇	○	◇	▲	○
50 バッファロー	○	◇	?	◇	○	○	▲	!	◇	○	▲	◇	○	◇	○	◇	▲	○	▲	!	◇	○	▲	◇	◎	◇	◇	◇	▲
51 トラネコ	◇	◇	◇	◇	◇	○	○	?	!	◇	○	○	◇	◇	◇	○	◇	▲	○	◇	!	◇	○	○	◇	○	◇	?	◇
52 フレミッシュジャイアント	▲	◇	◇	◇	▲	◇	○	○	◇	!	○	○	▲	◇	?	◇	○	◇	▲	○	◇	!	○	○	▲	◇	○	◇	▲
53 タツノオトシゴ	○	▲	◇	▲	▲	◇	◇	○	○	○	!	◇	○	▲	◇	▲	▲	○	◇	?	○	○	!	◇	○	▲	◇	○	▲
54 ハブ	◇	○	▲	◇	◇	◇	?	◇	◎	○	◇	!	◇	○	▲	◇	?	◇	○	◇	○	○	◇	!	◇	○	▲	◇	○
55 シマウマ	!!	▲	○	▲	◇	◇	▲	○	◇	○	○	?	!	▲	○	▲	◇	◇	▲	◎	◇	?	○	◇	!	▲	○	▲	◇
56 ヤク	○	!!	◇	○	◇	◇	○	◇	?	◇	○	○	▲	!	◇	○	◇	◇	○	◇	○	◇	▲	○	▲	!	◇	○	?
57 ゴリラ	○	○	!!	?	○	○	◇	◇	◇	◇	◇	○	○	?	!	◇	○	○	◇	◇	◇	○	◇	▲	○	◇	!	◇	○
58 ダチョウ	▲	○	○	!!	○	○	◇	◇	◇	▲	▲	◇	○	○	◇	!	○	○	◇	◇	?	▲	○	◇	▲	○	◇	!	○
59 ラブラドール	◇	▲	○	◎	!!	?	○	▲	◇	▲	◇	◇	◇	○	○	○	!	◇	○	▲	◇	▲	◇	○	◇	▲	○	○	!
60 ミニブタ	◇	◇	○	○	○	!!	◇	○	▲	◇	◇	▲	?	◇	◎	○	◇	!	◇	○	▲	◇	?	▲	○	◇	○	○	◇

おわりに

東洋の占いで使う「六十干支」を60種類の動物に置き換えて、みんなに親しまれる占いをと、私がこの企画を考えたのはもう20年近く前。でも雑誌では、ページ数を使いすぎるし、60種類もの動物を描き分ける人を探せない…と一度も実現しませんでした。3年前、「マーガレット」さんとの占いコラボで、ふと思い出し、漫画家さんなら動物を描いてもらえる?と、ご相談したところ連載が実現しました。この本のテーマが「夢を叶える」なのは、これは私の夢が叶った1冊だからです。

夢を叶えてくださった森月あめ先生、今回、エピソードまんがを描いてくださった先生方、マーガレット編集部　治部智宏さん、出会ってくださり、ありがとうございます。時が巡り、出会いがあって、みなさんの夢もきっと叶うことを願っています。（水晶玉子）

占い
水晶玉子
処世術に長けたツル

アニマルイラスト
森月あめ
高みから見守るオランウータン

デザイン
ナルティス（井上愛理）
勝負強いサラブレッド

構成
くんせい玉子
リーダーシップのあるシマウマ

校正
佐藤貴幸（尚企画）
職人気質なカピバラ

編集
治部智宏（マーガレット編集部）
リーダーシップのあるシマウマ